U0957228

DRC

2015

国务院发展研究中心研究丛书

编　委　会

主　编： 李　伟

副主编： 张军扩　张来明　隆国强　王一鸣　余　斌

编　委：（按姓氏笔画为序）

丁宁宁　马　骏　王一鸣　卢　迈　叶兴庆

包月阳　吕　薇　任兴洲　刘守英　米建国

贡　森　李　伟　李志军　李善同　余　斌

张小济　张军扩　张来明　张承惠　陈小洪

赵昌文　赵晋平　侯永志　夏　斌　高世楫

郭励弘　隆国强　葛延风　程秀生　程国强

“建设全国统一市场：路径与政策”
课题组

课题负责人

任兴洲　市场经济研究所　所　长　研究员

王　微　市场经济研究所　副所长　研究员

课题协调人

王　青　市场经济研究所　研究员

课题组成员

李　布　市场经济研究所　研究员

漆云兰　市场经济研究所　研究员

刘　涛　市场经济研究所　副研究员

总　序

推进高端智库建设　引领中国经济新常态

国务院发展研究中心主任、研究员　李伟

去年，中央提出我国经济发展进入“新常态”的重要判断。认识新常态，适应新常态，引领新常态，成为当前和今后一个时期我国经济发展的大逻辑。

一年来，面对错综复杂的国际国内环境，在经济下行压力加大、经济发展结构性矛盾凸显的形势下，党中央、国务院带领全国各族人民和干部群众，全面贯彻党的十八大和十八届三中、四中全会以及中央经济工作会议精神，坚持稳中求进的工作总基调，加强和创新宏观调控，深入推进改革开放，力求实现稳增长、促改革、调结构、惠民生、防风险的综合平衡。同时，重点推进“一带一路”、京津冀协同发展、长江经济带重大发展战略，大力推进“中国制造2025”的工业强国战略和“互联网+”行动计划，鼓励和促进“大众创业、万众创新”。这些战略部署和政策措施取得了积极成效，在一定程度上对冲了经济下行压力。从今年上半年各项经济指标看，经济增长与预期目标相符，结构调整继续推进，农业形势持续向好，发展活力有所增强。同时，经济下行压力依然较大，一些企业经营困难，经济增长新动力不足和旧动力减弱的结构性矛盾依然突出，需要我们继续保持战略定力，持之以恒地推动经济结构战略性调整；

同时加强危机应对和风险管控，及时发现和果断处理可能发生的各类矛盾和风险。

一年多来，国务院发展研究中心对我国经济进入新常态问题进行了深入研究。我们认为，新常态是我国经济运行度过增速换挡期、转入中高速增长后的一种阶段性特征。我国经济发展进入新常态，符合后发追赶型国家经济发展的一般规律，是后发优势的内涵与强度、技术进步模式发生变化后的必然结果，其实质是追赶进程迈向更高水平的新阶段。

新常态下的经济发展，增长速度已经不是核心问题，关键是要提质增效。只有做好认识新常态、适应新常态、引领新常态的大文章，才能实现我国经济向形态更高级、分工更复杂、结构更合理的阶段转换。而实现这一阶段转换的重要标志，一是经济体制改革的阶段性任务基本完成，二是结构调整及发展方式转变取得实质性进展，三是新的经济增长动力基本形成。如果不能完成这样的转换，我们的“两个一百年”目标将很难实现，也难以跨越类似一些拉美国家曾经遭遇的“中等收入陷阱”。

新常态下，风险、挑战与机遇并存。一方面，我们要看到，过去30多年中国经济在快速增长的同时，也积累了不少风险。在经济快速增长时期这些风险往往被掩盖，一旦速度降低后可能会逐渐暴露出来。制造业严重的产能过剩问题，面临资产重组和结构调整，不可避免地会引发产业更替、企业劣汰、员工转岗。在地方政府性债务、影子银行、房地产、企业互联互保等方面都潜伏着不少风险，“高杠杆、泡沫化”，最终都会向财政金融领域聚积。同时，当经济达到中等收入水平之后，不仅经济问题会更加复杂，政治、社会问题也会更加突出。人们的温饱问题基本解决之后，就会对公平、正义提出更高的要求，相应的政治诉求也会不断提升，过去长期存在的贫富差距问题、腐败问题、环境问题、食品安全问题、社会信用缺失问题等，都有可能成为引发社会动荡的诱因。一旦社会稳定不能得到有效维持，追赶进程就会被迫放缓甚至中断。

在看到风险与挑战的同时，我们更应重视新常态下蕴藏着的新机遇。经济发展进入新常态，没有改变我国发展仍处于可以大有作为的重要战略机遇期的判断，改变的是重要战略机遇期的内涵和条件；没有改变我国经济发展总体向好的基本面，改变的是经济发展方式和经济结构。经济结构调整难免阵痛，但调整成功了就会提升资产质量，提升产业结构，并创造新的工作岗位和更大的价值。虽然一些传统产业需求饱和了，面临转产调整，但一些新兴技术、新的业态和新的需求正在涌现，供给创造需求的空间十分巨大。虽然国际市场对我国传统出口商品的需求增长放缓了，但我们利用装备能力、产业配套能力和资本输出等优势，在新一轮国际分工中，迎来向产业链中高端迈进的历史机遇。保护环境、治理污染表面看会增加成本，但提供需求快速增长的生态产品，走低碳、绿色发展道路，环保技术、新能源等领域则会带来新的增长动力。

总之，中国经济发展所处的新常态，既是由过去时发展而来的现在时，更是蕴含着巨大变革和创新活力，迈向历史发展新阶段的未来时。在这个演化过程中，认识新常态很重要，适应新常态也很重要，但更重要的是引领新常态，推动中国经济发展迈上新台阶。作为直接为党中央、国务院重大决策提供研究咨询服务的智库机构，国务院发展研究中心应该、也有信心能够对此发挥重要而独特的作用。

当前，国务院发展研究中心自身的建设与发展正在迎来一个新的历史机遇期。继2013年4月和2014年1月习近平总书记两次对国务院发展研究中心有关智库建设工作的报告作出重要批示之后，今年1月中办、国办公布的《关于加强中国特色新型智库建设的意见》将中心列为第一批国家高端智库建设试点单位，同时又列为负责联系协调智库的党政所属政策研究机构。我们深感使命光荣、责任重大、前景广阔。

在这样的背景下，“国务院发展研究中心研究丛书”连续第六年与读者见面了。今年的中心研究丛书包括19部著作，集中反映了过去一年多中心的优秀研究成果。其中，《信息化促进中国经济转型升级》全面、深入地研究了新一代信息技术正在对产业结构产生的深刻影响，分析了信息化推动中国经济转型升级的有利条件与挑战，并提出了实施信息化推动经济转型升级的“2+2”战略及政策建议，有助于人们理解和落实2015年政府工作报告提出的“互联网+”和“中国制造2025”战略；《国家（政府）资产负债表问题研究》《支撑未来中国经济增长的新战略性区域研究》等10部著作，是国务院发展研究中心各研究部（所）的重点研究课题报告；还有8部著作是优秀招标研究课题报告。

不久前，国务院发展研究中心刚刚度过了35岁生日，正从“而立”走向“不惑”。根据我们已经上报中央的国家高端智库建设试点方案，中心将实施“政策研究与决策支持创新工程”，推进研究提质、人才创优、国际拓展、保障升级四大计划。我们真诚地欢迎读者朋友们对这套丛书不吝批评、指正，提出宝贵的意见和建议；并热切地期待在今后的工作中继续得到社会各界的关心、支持与帮助，使我们在建设国际一流的中国特色新型智库、服务于改革开放和经济社会发展、推动国家治理现代化的道路上不断进步，为国家、为社会作出更大的贡献。

2015年8月1日

前言

Preface

经过30多年的持续高速发展，我国经济社会发展取得了举世瞩目的成就，成长为世界第二大经济体。随着经济增长动力因素的转换，经济新阶段特征进一步显现，经济发展正在步入新常态。从现在起到2020年，不仅是我国全面建成小康社会的攻坚阶段、全面深化改革的决战阶段和全面推进依法治国的关键阶段，也是我国工业化基本完成阶段，是第一个“百年”的中国梦初步实现阶段。在这样的大背景下，通过全面深化改革和实现更高水平的对外开放，进一步完善社会主义市场经济体制，全面推进全国统一市场建设，对于促进经济平稳健康发展和实现社会转型都具有重要意义。

在改革开放的促进下，30多年来我国商品市场已基本形成了多门类、多层次、开放型的全国统一市场，在满足人们不断增长的商品需求、促进地方经济发展，进而促进整个经济增长方面发挥了重要作用。要素市场的市场化水平也有了长足的进展，但总体来看，在要素市场的统一市场建设方面还相对滞后。同时，由于依然存在传统体制机制制约，以及政府对经济的直接干预，市场封锁、地方保护仍屡禁不止。随着市场格局和政策环境的变化，地方保护也逐步从保护本地资源转向保护本地市场和企业，其形式日益多样、手段更加隐蔽。从表现形式看，市场分割和地方保护主要表现在准入歧视、监管规则不统一、差别化执法现象较为普遍等方面。一些地方性法规和标准、不透明的招标采购、提供保护性的财税优惠及消费补贴政策等，也成为市场分割和地方保护的重要手段。导致这些问题的症结在于存在深层次的体制矛盾。例如，地方的财权和支出责任不匹配、现行政绩考核体系不尽合理、依法治国仍需进一步落到实处，等等。在传统的体制惯性和短期利益的驱动下，地方政府不仅具有强化地方保护的压力和动力，更具备直接干预市场、构筑行政壁垒和选择性执法的能力。而这也正是未来建设和完善全国统一市场的主要障碍。

全国统一市场应该具备开放性、规则一致性、竞争公平性以及商品要素自由流动性等主要特征和内在要求，根据这些要求，同时借鉴欧盟、美国等经济体统一市场建设的相关经验，未来我国进一步加强全国统一市场建设，重点是要处理好政府与市场、中央政府与地方政府、地方政府与地方政府之间的关系，处理好规范与创新的关系。同时，要充分发挥商业模式创新、技术创新、组织创新，以及区域经济一体化和基础设施完善对统一市场形成的积极作用，按照全面深化改革和推进依法治国的要求，加强全国统一市场的管理体系、法律标准体系改革创新，让市场在资源配置中起决定性作用。

在消除地方保护的动因和能力上，可从两个方面来推动全国统一市场建设。在弱化动因方面，须注重调整中央与地方的财权事权划分，改革地方政府考核机制；在弱化地方保护能力方面，要加快政府职能向公共服务转变，完善法律法规和标准体系，建立更为协调一致的市场规则，明确中央和地方政府在市场体系建设方面的权责，以及促进市场组织、流通方式、商业模式创新等，更多依靠法治、市场和技术的力量冲破各种封锁和保护。同时，还要加快建设现代化的基础设施，完善信用体系建设，强化区域协调发展，进一步促进商品和要素自由顺畅地流动。

本书基于对统一市场建设的基本认识，立足我国国情，在大量实际调查研究的基础上，分析了新时期全面推进全国统一市场建设的重要意义、基础和条件、面临的主要障碍及成因，并且借鉴国际经验，提出了新时期全面推进全国统一市场建设的基本思路与政策建议。衷心希望本书能够引起社会各界和各级政府对统一市场建设的重视和关注，能够促进我国早日建成统一开放、竞争有序的市场体系。

任兴洲

2015 年 6 月

目录
Contents

内容摘要

Abstract

当前，我国经济社会发展进入新常态，正处在全面建成小康社会、全面深化改革和全面推进依法治国的关键时期。全面推进全国统一市场建设，对于实现增长阶段顺利转换、加快完善市场经济体制、促进区域协同协调发展、推动更高水平对外开放具有重要意义。

统一市场，是指在一国（或地区）范围内，基于社会分工和市场经济发展基础形成的各地方市场相互开放、规则统一、公平竞争、通达顺畅的市场体系。相对完善的统一市场具备市场开放性、规则一致性、竞争公平性以及商品要素自由流动性等特征。改革开放 30 多年来，随着经济的快速发展和改革的持续深化，我国统一市场建设取得了明显进展。多门类、多层次、开放型的市场体系已基本建立，市场规模持续扩大，市场主体快速发展，组织方式、商业模式不断创新，基础设施日益完善，为新时期全面推进统一市场建设提供了较好的市场基础和有利条件。

然而，由于我国市场经济体制和法治体系尚不完善，各类市场分割、地方保护行为仍屡禁不止：存在着监管规则不统一，差别化执法现象较为普遍；通过提供财税优惠变相实施地方保护；在政府采购中强化地方保护；以地方性法规和标准保护本地市场和利益；通过出台地方性消费政策强化市场保护等问题。而且随着市场环境的变化，其做法更隐蔽、形式更复杂、手段更多样。由于行政分权和地方政府所承担事权与财权的不匹配，以及行政体制、法律制度、标准体系、政府考核机制等方面的改革滞后，统一市场建设缺少合理平衡地方政府利益诉求的制度保障和政策手段，也缺乏对地方政府运用行政和司法权力保护地方市场行为的有效约束，这是我国统一市场难以真正形成的深层体制机制根源。

总结我国过去30年统一市场建设的经验和教训，借鉴欧盟、美国的相关经验，新时期全面推进统一市场建设过程中，需要正确处理政府和市场、中央政府和地方政府、地方政府与地方政府之间以及规范和创新的相互关系，按照全面深化改革和全面推进依法治国的要求，加强全国统一市场管理体系、法律体系的改革创新，加快完善基础设施和促进市场发展创新，让市场机制发挥配置资源的决定性作用。为此，需要深化政府职能转变，调整中央与地方政府间的财权事权划分，改革地方政府考核机制，完善法律法规和标准体系，建立更为协调一致的市场规则，削弱地方利益争夺和地方保护的经济动因，建立有效的、法治化的统一市场推进体制机制。同时，加快建设高水平、现代化的基础设施和信用体系，还应更大力度地促进市场组织、流通方式、商业模式创新，为全国统一市场建设高效基础支撑和提供强大内生动力。

主报告

打破市场分割和地方保护 全面推进统一市场建设研究

导 言

所谓统一市场，是指在一国（地区）范围内，基于社会分工和市场经济发展基础形成的各地区市场相互开放、规则统一、公平竞争、通达顺畅的市场体系。在统一市场中，市场机制在资源配置中起决定性作用，市场壁垒基本消除，企业自主经营、平等竞争，消费者自由选择、自主消费，商品和要素自由流动、平等交换。概括起来，相对完善的统一市场应具备以下衡量标准或主要特征。

一是市场的开放性。即在全国范围内，各地区市场之间相互开放、紧密联系，市场准入、商品和要素流动没有地域之间的限制和封锁，并与世界市场相互连通。

二是规则的一致性。即在一国（地区）内具有统一的市场运行规则、监管制度和法律体系，为所有市场主体和商品要素流动提供公开、透明、公正、平等的市场环境。

三是竞争的公平性。在统一市场内，各类市场主体自主决策、自主经营、自负盈亏，具有平等获得生产要素和资源的权利和机会，平等地参与市场竞争。

四是商品和要素的自由流动性。商品和要素能够在一国（地区）范围内通达顺畅地自由流动。

本报告所研究的我国统一市场，主要集中在商品市场领域，同时根据研究需要，也涉及部分要素市场。

一、新时期全面推进全国统一市场建设的重要意义

经过30多年的高速发展，我国经济社会发展正在进入新常态。未来几年不仅是我国全面建成小康社会的攻坚阶段、全面深化改革的决战阶段和全面推进依法治国的关键阶段，也是我国工业化基本完成阶段，还是我国第一个“百年”的中国梦初步实现阶段。在这样的重要时期和大背景下，通过全面深化改革和实现更高水平的对外开放，进一步完善社会主义市场经济体制，全面推进全国统一市场建设，进而促进国民经济的平稳发展和社会转型都具有重要意义。

（一）顺利实现增长阶段转换，适应和引领新常态的必然要求

近年来，我国经济社会发展出现了经济增速放缓、经济结构

深度调整、发展动力变化等经济增长阶段转换的典型特征，形态更高级、分工更复杂、结构更合理、增长中高速的“新常态”已渐行渐近。在这样的大背景下，形成依靠效率提升和创新驱动的新发展格局，实现从增量扩能为主转向调整存量、做优增量并存的深度调整，加速从制造业为主向服务业为主的结构升级，更加需要释放市场主体的活力，发挥市场机制优化配置资源的决定性作用，更加需要破除市场分割和地方保护，为市场主体发展、新型产业成长和新的消费增长动力形成，提供更加广阔的市场空间和更为规范的市场环境。只有形成合理高效的统一市场，才能优化配置各类资源，才能真正转变发展方式，才能造就和引领新常态，才能实现增长阶段的顺利转换。

（二）全面深化改革，发挥市场配置资源决定性作用的必然要求

党的十八届三中全会明确提出，经济体制改革的核心问题是处理好政府和市场的关系，使市场在资源配置中起决定性作用和更好地发挥政府作用。市场合理配置资源的前提是要保证市场机制在没有行政分割的、更大范围内发挥作用，就是要在消除人为障碍和市场封锁的条件下，让各类商品和要素资源能够按照市场规则、价格信号自由流动。这就对全国统一市场的建立和完善提出了更高要求。只有通过深化改革，消除长期形成的市场分割和行政壁垒，打破现有行政区划的束缚和一切人为障碍，才能减少各种非市场因素在资源配置中的负面影响，才能营造有利于公平竞争的市场环境，促进各类商品和要素资源的优化配置。可以说，全国统一市场的形成，是决定市场配置资源能否发挥作用以及作用程度的先决条件，是完善我国市场经济体制的必然要求。

（三）形成高效分工协作新格局，促进区域协调、协同和共同发展的必然要求

我国经济进入新常态，经济分工更复杂，市场内生发展动力更强烈，需要冲破地域束缚，在更大范围、更广区域谋求发展。近年来，党中央和国务院系统地提出了“一带一路”、京津冀协同发展、长江经济带、“两横三纵”城市群等区域发展新战略。其目的是通过这些区域战略的实施，在全国一盘棋的原则下，依据各地区的战略区位、资源禀赋和比较优势，有效形成全国区域分工协作、优势互补、合作共赢、整体竞争力明显提升的新格局，实现各区域协调、协同和共同发展。区域发展新战略的实施，客观上要求通过深化改革和制度创新，打破“一亩三分地”的制度禁锢，消除人为的市场藩篱，建设更高水平的全国统一市场，以全面提高资源配置效率，进一步优化经济发展空间布局，促进区域分工合作和经济一体化，实现区域协调有序发展。

（四）促进公平竞争，加快形成统一透明、规范有序市场环境的必然要求

改革开放以来，我国在打破地区封锁和保护、建设全国统一市场方面取得了长足进展，商品和要素跨区域流动明显增强。但毋庸讳言，各类市场封锁和地方保护仍然存在，全国统一市场和公平竞争的环境尚未真正形成。而且在新的环境下，市场封锁和地方保护形式更隐蔽、手段更多样，负面影响更大。这些问题的存在导致市场秩序不规范、竞争条件不公平、市场竞争不充分，影响着市场配置资源的效率，损害了市场主体的利益和消费者的合法权益，还滋生了一系列的腐败行为。因此，着力消除各类市场分割和地方保护，加快形成全国统一的商品和要素市场规范及贸易体制，有利于形成全国统一透明、公平竞争、规范有序的市场秩序和环境。

（五）推进更高水平对外开放，加快构建开放型经济新体制的必然要求

新时期，我国积极推进新一轮高水平对外开放，实施“一带一路”战略、扩大内陆和沿边开放、推动自由贸易试验区建设、统筹多边双边和区域开放合作等，对统一开放、竞争有序的市场体系也提出了新的更高要求。只有打破市场分割和地方保护，形成统一的国内市场，建立全国一致的市场法律、竞争规则和标准体系，才有利于形成统一的对外开放原则、负面清单和监管规则，才能统一对外谈判和合作。特别是“一带一路”是联结国内和国际市场的重要战略通道，客观上要求加快互联互通、大通关和国际物流大通道建设，而其前提必须是国内市场先做到区域和城市间的互联互通、交易便利、货畅其流，各类要素能够自由流动。因

此，没有国内市场的统一开放，全方位的对外开放亦难以推进。

二、新时期全面推进统一市场建设的基础和条件

（一）全面推进统一市场建设已具备较好的市场体系基础

在30多年的改革开放进程中，伴随着经济的快速增长，我国市场体系经历了发育、发展和逐步完善的阶段，统一市场建设已经具备了较好的市场体系基础（见表1）。

表1　　我国统一市场发展的历程和主要特征

阶段	标志和背景	主要特征
初步发育阶段（1978～1991年）	·十一届三中全会开启农村改革 ·十二届三中全会提出“公有制基础上有计划的商品经济” ·十三大报告提出“国家调节市场，市场引导企业”	·商品市场发育。对国有商业企业进行放权让利和所有制改革，鼓励集体、个人等市场主体发展，放开部分商品价格，引入市场化价格形成机制 ·在当时“短缺经济”条件下，以保护本地商品资源为特征的地方保护和市场封锁现象较为严重
起步发展阶段（1992～2001年）	·十四大确立了建立社会主义市场经济体制的改革目标 ·十四届三中全会确立市场经济体制的基本框架，提出“市场配置资源发挥基础性作用”的理论	·商品价格进一步放开，市场化价格形成机制基本形成 ·初步形成多层次、多门类的商品市场体系，要素市场发展开始起步 ·多种所有制经济共同竞争的格局初步形成 ·出台一批规范市场交易主体行为的法律法规，清理、废止阻碍和影响统一市场建设的文件及规章，商品市场运行秩序逐步建立 ·随着逐步走出“短缺经济”，以设卡围堵方式保护本地资源行为有所缓解，保护本地市场行为增多，保护手段也从最初的以行政手段为主，向采取行政、经济、法律等多种手段转变

续表

阶段	标志和背景	主要特征
加速推进阶段（2002～2012年）	·十六大报告提出建设“统一、开放、竞争、有序的市场体系”，要求“清除制约市场优化配置资源的各种障碍” ·以加入WTO为重要契机，市场规则、运行机制、法律制度等方面更快地实现与国际市场接轨	·商品领域市场形成价格机制全面确立，要素和服务领域的价格改革加快推进 ·《反垄断法》等一系列市场法律法规出台，一批不适应统一市场发展要求的法规规章得到清理 ·统一市场的发展更多地转向依靠市场开放和市场内生动力推动 ·由于全国统一市场建设中面临的深层次问题并未根本解决，一些阻碍公平竞争和隐蔽的市场分割、保护等问题愈加突出
全面推进阶段（2013年至今）	·十八大、十八届三中全会全面深化改革，提出建设统一开放、竞争有序的市场体系，使市场在资源配置中起决定性作用	·市场全面开放，市场决定的价格形成机制深化 ·多种所有制市场主体平等发展 ·多样化、多业态、多层次的现代市场体系加快发展 ·技术进步和商业模式创新在很大程度上推动了商品和要素的自由流动，进而促进了全国统一市场的发展和提升

资料来源：课题组整理。

1. 开放性市场体系基本建立，多门类、多层次的统一市场初步形成，市场规模不断扩大

经过不断探索和创新，我国已形成包括生产资料、生活资料在内的有形市场和无形市场相结合、现货市场和期货市场相结合、批发和零售相结合的多层次、多门类的商品市场体系。绝大多数商品已形成了跨区域发展的流通网络，特别是一些大型批发和零售企业交易规模不断扩大、辐射能力持续增强，商品深购远销，对全国统一市场的形成和发展有一定的促进作用。同时，全国统一的多层次要素市场也已基本形成。在资本市场上，建立了包括国债市场、股票市场、企业中长期债券市场和中长期信贷市场在内的资本市场体系；在土地市场上，形成了包括土地出让、转让、抵押和出租市场等；在劳动力市场上，则形成了求职、就业、培训、专业等多种市场形式。

2. 市场形成价格的机制已经确立，为市场配置资源发挥决定性作用奠定了基本条件

目前，除了关系国计民生的极少数重点商品和部分服务项目外，我国绝大多数商品和服务价格已由市场决定，使得商品可以在比较利益基础上实现自由流动，为促进统一市场建设和市场机制发挥配置资源作用创造了基本条件。在要素市场上，劳动力价格已基本由市场机制决定，劳动者根据市场信号自由流动；土地出让价格由市场决定，在房地产、产权、信息、技术等市场上，价格也基本由市场供求调节；利率市场化改革取得重大进展，商业银行的贷款利率上限已基本放开并由市场调节；有价证券发行价格基本实现了市场定价。

3. 统一的法律规则和标准体系基本建立，为统一市场建设奠定了必要的法治基础

随着商品市场和要素市场的有序放开，维护市场秩序和规范的法规体系已基本形成，如《反垄断法》《反不正当竞争法》《价格法》《证券法》《关于制止低价倾销行为的规定》《期货市场管理条例》《商品市场登记管理办法》等陆续实施。同时，对商品市场组织形式创新、营销方式创新的制度规范也相继颁布。随着改革的深化、统一法律规则的出台和政府职能转变，各地一些带有明显市场分割和地方保护内容的相关规定被清理和废止，进而对规范市场秩序和市场主体行为、促进统一市场的发展发挥了重要作用。

4. 商品市场组织形式、营销模式的不断创新，为统一市场提供了强大的市场动力

商业零售业连锁经营的发展，提高了商业企业跨地区组织商品流通的能力和效率，促进了商品跨区域的流动。2013 年，我国连锁百强企业销售规模达到 2.04 万亿元，占社会消费品零售总额的 8.9%，门店数量已达 9.5 万个。近年来，基于信息技术进步和互联网技术广泛应用基础上快速发展的电子商务，在更大范围内突破了时间和空间的限制，以其崭新的商业模式、特有的生态体系和强劲的市场内生力量，冲破了实体零售业发展遇到的市场保护和人为障碍，调动起巨大的消费潜力，为全国统一市场加快形成提供了新动力。2014 年，全国网上零售额达到 2.8 万亿元，相当于同期社会消费品零售总额的 10% 以上。

5. 市场主体结构进一步优化，竞争的公平性有所增强

随着商品市场和要素市场改革的深化及对外开放水平的提高，包括国有、集体、个体、私营、外资、合资等多种所有制形式共同发展的格局已经形成，国有、集体资本和非公有制资本通过入股、参股不同方式相互渗透、融合，形成的混合所有制形式企业显示出越来越强的生命力，使得市场竞争更加充分，更具活力。

6. 基础设施日益完善，为促进商品和要素自由流动提供支撑

经过多年快速建设和持续发展，我国已基本形成了以铁路、高速公路为骨干，以普通国道和省道为基础，与民航、水路和管道共同组成的连接东西、纵贯南北的综合交通运输网络。到2014年底，“五纵七横”12条主要由高等级公路组成的国道主干线网建成，覆盖了全国特大城市的所有人口和大城市93%的人口；全国高速公路通车总里程已达11.2万公里，其中高铁运营里程达到1.1万公里，居世界之首；移动电话用户总数达12.9亿户，普及率达94.5部/百人；全国互联网宽带接入端口数量突破4亿个，互联网国际出口带宽增速显著。各领域基础设施建设加快发展，为各类要素在全国范围内流动和统一市场的建立提供了重要支撑。

总体而言，伴随我国市场体系的加快发展和统一市场建设的推进，影响企业公平竞争、商品要素自由流动的许多障碍和约束，正在逐步得到清除和破解，统一市场建设取得了明显成效，为新时期全面推进统一市场建设提供了较好的基础。

（二）新时期全面推进统一市场建设的环境和条件

1. 建设全国统一市场已成为全社会的基本共识

早在1993年，党的十四届三中全会就提出“建立全国统一开放的市场体系”。此后20多年来，在历次党代表大会文件和政府工作报告中几乎都有相关的表述。尽管由于传统体制的束缚和利益关系的羁绊，全国统一市场建设并不尽如人意，但随着全国商品市场和要素市场体系的建立，特别是随着区域发展新战略的实施，建立全国统一市场已成为全社会的共识。

2. 全面深化改革和政府职能转变为统一市场建设创造了体制和制度条件

市场分割、地方保护屡禁不止，统一市场难以形成，追根溯源是体制障碍和制度制约。党的十八届三中全会部署了全面深化改革的蓝图和目标举措，特别是深化财税体制、金融体制和资源要素价格体制改革以及地方考核机制改革等，将有利于消除造成各类市场分割封锁、地方保护和部门垄断的体制机制根源，合理约束政府行为，铲除滋生地方保护的动力之源。

3. 全国区域合作广泛开展为统一市场建设提供了实践基础

随着我国多种形式的区域协调发展战略的实施，区域间在互联互通、合作交流、利益共享等方面已经有了多种探索。长三角、珠三角、京津冀和中部六省、东北地区、成渝地区等在区域协同、协调发展方面已经有了广泛的实践。有的区域已经形成了省级层面的协调机制和机构。例如，长三角建立了多层次协商机制，对于加强合作、协商、联动发挥了重要的作用，区域合作取得了实质性进展。这些都为全国统一市场建设提供了实践基础。

4. 电子商务等新商业模式的创新，为统一市场加快建设提供了持续强大的动力

随着现代信息技术的快速发展，基于互联网技术的商业模式创新层出不穷，催生了电子商务的迅猛发展，形成了对全国统一市场建设的倒逼机制。它以新的技术和商业模式，打破了传统流通体系中人为设置的诸如设立店铺、开设公司、纳税形式等障碍，冲击着原有的区域分割、封锁的束缚。只要具备信息基础设施和物流支撑，就可以在网络商务平台上完成交易结算，享受网络平台提供的全方位服务，更接近于“满足消费者自由选择、商品自由流通、资源自由配置”的统一市场的内在要求。更重要的是，新的商业模式也对已有的市场规则、监管手段提出挑战，需要根据技术进步和市场内生发展要求，加快制定更加完善、一致的市场规则。

5. 依法治国方略将为统一市场建设提供法律和制度保障

尽管我国在市场体系相关法律建设方面有了较大进展，但与统一市场建设相关的立法仍然很薄弱。特别是统一市场建设与政府现有的职能有着密切联系，改革不到位，法律体系难以建立和完善，统一市场也难以形成。党的十八届四中全会以“依法治国”为目标，全面部署了依法治国方略，有利于加快提高国家治理能力和治理体系的现代化，将为全国统一市场建设提供坚实的法律制度保障。

6. 企业发展能力持续增强将为统一市场建设提供主体基础

全国统一市场的形成，需要依靠众多有为的企业主体来推动和实现。改革开放以来，一批批规模大、竞争力强的企业脱颖而出，成为促进经济发展的中坚力量。随着改革的深化，企业创新转型的发展环境将继续得到优化，将进一步放宽市场准入限制，深化登记制度改革，创造有利于企业跨地区经营的良好环境，取消限制企业兼并重组的不合理规定，加大对中小流通创新创业的扶持力度，鼓励各类非公有制经济的发展。在这样的环境下，企业创新主体地位进一步增强，竞争能力进一步提高，有利于推动全国统一市场的建设。

7. 基础设施条件进一步改善，将为各类要素资源的顺畅高效流动创造条件

新时期，我国基础设施条件将进一步改善。根据相关规划，到2020年，铁路营业里程将达到12万公里以上，其中，高速铁路运营里程达1.6万公里以上。“九纵十八横七放射”的国家高速公路网通车里程将超过10万公里，2030年进一步增加到11.8万公里；在“十二五”末，将基本建成42个全国性综合交通枢纽，实现各种运输方式在区域间、城市间、城乡间、城市内的有效衔接，进一步提高综合交通运输体系的运营效率。随着信息基础设施加速向高速化、泛在化、智能化方向发展，我国在“十三五”将进入宽带提速发展的新时期，光纤接入和宽带无线移动通信的创新发展将进一步构建无缝连接的高速网络环境。下一代互联网和新型网络架构加快部署，物联网、云计算、大数据等应用基础设施将加速推进。随着交通基础设施总量规模的不断增长和综合运输体系的形成，以及信息基础设施的加快建设，将为商品和要素在全国范围内实现自由流动提供更坚实的基础和便利。

三、全国统一市场建设面临的主要障碍及成因分析

总体来看，虽然我国统一市场建设取得了明显成效，但由于社会主义市场经济体制和法治体系尚不完善，地方保护和市场分割问题依然存在，而且随着市场条件的变化和国家政策的调整，其做法更隐蔽、形式更复杂、手段更多样，其背后存在着深层次的体制机制根源和利益动机，极大地阻碍着全国统一市场的建设进展。

（一）市场分割和地方保护的突出表现

1. 准入歧视依然存在，公平竞争尚未完全实现

在许多领域和地方，依然存在对不同市场主体的歧视性准入规定和或明或暗的附加条件等。在专业服务、金融保险、公用事业、基础设施、石化、电信、电力、民航等领域，非国有企业普遍面临准入障碍；在一些地方存在对外来企业的歧视性规定和附加准入条件。例如，许多地方政府普遍要求外地企业进入本地市场时，必须在本地设立独立法人机构，否则会在审批、注册、环评、供地、招标、纳税等方面设置障碍，影响外来企业进入。在准入审批过程中，一些地方政府对本地市场和企业的保护往往采用更隐蔽的手段，如从正式文件的限制性规定变为口头的限制性要求、在准入手续要求方面刁难，以及以国家安全、信息安全、能源安全、食品安全等为名进行准入限制。

2. 监管规则不统一，差别化执法现象较为普遍

在融资、供地、环保、质检、卫生及消防检查等方面，行业监管部门或地方政府对不同所有制、规模和注册地主体进行差别化监管。一方面，为了扶持和保护本地企业或国有企业，往往变相放松监管和降低监管标准；而对外来企业及非国有制企业实施严格监管和从重处罚，使其在竞争中处于不利地位。另一方面，各地区的监管实施标准差异较大。在实施国家政策和监管措施的过程中，各地对政策理解、执行尺度存在较大差距，使得企业开展跨地域经营和开展全国性业务时面临较大的经营困扰。例如，在公路运输、异地通关等方面，外地企业经常面临多次查验、重复执法等问题。

3. 通过提供财税优惠变相实施地方保护

为推动本地经济发展，不少地方政府针对特定企业及投资者出台一系列财税优惠政策，形成了相互攀比、过多过滥的现象，扰乱了公平竞争的市场环境。具体表现在如下。一是自行制定税收优惠政策。为争夺资源和投资，许多地方政府突破地方税收管理权限，采取降低一般纳税人认定条件、对上缴地方税收按一定比例返还、给特定行业或较大项目免征若干年企业所得税等优惠措施。二是在非税收入缴纳方面给予缓减免优惠。一些地方政府违规减免或缓征行政事业性收费和政府性基金，以优惠价格或零地价出让土地、低价转让国有资产、国有企业股权以及矿产等国有资源，减免或缓征企业应当承担的社会保险缴费。三是实施财政支出优惠。不少地方政府制定了对企业及其投资者（管理者）缴纳税收或非税收入挂钩的财政支出优惠政策，包括列收列支、财政奖励或补贴、以代缴或给予补贴等形式减免土地出让金等。

地方政府通过给予财税优惠，为本地企业或投资本地的特定企业提供支持，降低企业的开办或经营成本，确实对促进地方投资增长和产业集聚起到了重要作用。但从全国看，变相财税优惠制造政策“洼地”，不利于维护国家税政的统一性，严重影响各地市场之间的公平竞争，甚至可能引发国际贸易摩擦和争端。

4. 通过政府采购强化地方保护的倾向明显

通过政府采购达到地方保护目的的做法比较普遍。首先，限定政府采购商品和服务的地域范围。不少地方政府采购中，扭曲《政府采购法》中的“国货原则”，规定“优先采购本地货”甚至“只采购本地货”。其次，限定供应商。在政府采购招标公告和招标文件中设置特定条件、标准，为特定的供应商创造有利条件甚至量身打造采购标准。例如，必须具备采购项目所在地区三年以内的纳税证明以及交纳社会保险等各项费用的证明，技术标准采用特定企业的技术参数等。再次，政府采购信息发布不规范。大型采购项目招标信息的发布更多地选择本地媒体，而不在全国媒体上发布，且信息发布有效期限短，不利于其他地区企业参与投标竞争。

5. 以地方性法规和标准保护本地市场和利益

一些地方政府和部门在制定本地区相关法规和政策中，有意模糊相关法律条款和政策界限，为地方行政垄断提供“合理”和

“合法”依据，以实现限制竞争、独占市场、利益输送和交叉补贴等目的。例如，在资质认定、业务许可或特许经营等方面，一些地方政府借助模糊条款、定制条款和不透明的评标，给予本地企业、关联企业更多业务和优惠，甚至给予其独占本地市场的权力。

在标准体系方面，现行的国家标准、地方标准、行业标准较为混乱，特别是地方标准之间、地方标准与国家标准之间存在矛盾甚至冲突等问题。这不仅导致企业开拓市场面临困难，也使地方标准成为保护地方市场和企业的新手段，加剧了市场分割。

6. 通过出台地方性消费政策强化市场保护

近年来，国家日益重视扩大消费，通过示范工程或消费补贴，促进消费和新产品加快产业化。由于国家对补贴或支持的对象、方式和操作流程只有一些原则规定且需要地方政府提供同样或更多配套资金，给地方政府实施相关政策提供了较大的操作空间，往往将补贴或支持政策给予本地或利益相关企业。除了补贴外，其他消费政策也存在地方保护倾向。例如，一些城市对外地二手车迁入制定有别于本地过户的差别化、不公平的限制性政策，以保护本地二手车及新车市场。随着地方保护逐步从保护本地资源转向保护本地市场，消费政策日益成为地方政府构筑市场壁垒的新工具。

（二）市场分割和地方保护的体制机制根源

1. 现行的财税制度引发地方之间对利益的争夺

1994 年的分税制改革，在当时的情况下，对于强化中央政府的财政权力、平衡各地区财力、促进区域经济协调发展方面发挥了积极作用，但也不可避免地强化了各地区对自身利益的保护。随着经济的发展和全国统一市场建设的进展，整个市场环境与20世纪90年代相比发生了较大变化，但财税体制改革未能及时跟进，地方财权与事权不匹配的问题日趋严重。在事权责任不断加大，而中央转移支付不足的情况下，地方产生了强烈地增加投资、通过保护本地市场和企业以增加税源的冲动，进一步强化了地方之间对利益的争夺，进而成为市场分割和地方保护的重要推动因素。

同时，现行财税体制还存在一些弊端，导致地方保护行为更加强化。一是税收政策的法律约束不强。我国现行18个税种中，只有3个具有实体税收法律，而其他诸如增值税、营业税、消费税等重要税种，都是由国务院制定暂行条例开征的。还有大量的税收优惠政策主要是由国务院的相关文件确定。法律约束力不强，导致地方政府能够出台财政优惠政策或变相减免税费，影响了市场竞争的公平性。二是政府预算软约束。对包括土地出让、税收在内的财政收入、支出方向及优惠政策的实施效果，缺乏必要的、公开透明的预算审议和审计评估制度，地方人大及社会监督也有待加强。在财政预算软约束且财政资金支出管理不规范等情况下，使地方政府可以较为随意地进行大规模投资和设立各种名目的财税优惠政策。

2. 政府职能转变改革不到位，使地方保护政策得以实施

地方政府直接干预和影响资源配置的范围过大、权力过强，对微观经济主体的干预过多，这导致地方政府有能力在当地实施地方保护和市场分割。另外，在推进行政审批制度改革过程中，地方政府对行政审批的范围、标准不统一，客观上强化了地方政府的裁量权过大、监管规则不一致。

3. 现行的地方政绩考核机制加剧了地方保护行为

长期以来，我国对地方政府的政绩考核主要是围绕着 GDP、投资和税收等指标来实现。这种考核方式导致地方政府将主要精力放在追求 GDP 增长和招商引资方面，从而不计成本和代价地实行各种优惠政策，保护本地企业和市场，并对外地产品和服务采取歧视性政策，形成了市场分割和地方保护。

4. 法治建设滞后，对破坏统一市场行为难以形成有效制约

第一，法律体系建设滞后。维护统一市场、消除市场分割和封锁、限制地方保护的法律建设跟不上，在一些领域尚存在立法空白，市场监管缺乏法律依据以及执法手段。同时，法律法规调整滞后。部分法律法规已明显不适应经济发展和统一市场建设的要求，但未能及时清理和适时修订。另外，法律规定过于原则和笼统，缺乏实施细则和必要的司法解释，导致地方政府在实施和执行中出现理解偏差、执行标准不一等问题。

第二，立法权力分散且缺乏必要的约束。一是各级行政立法过多，造成部门利益固化，形成政出多门、多头监管的局面，加剧了市场分割和管理混乱；二是地方立法权限过于宽泛，特别是在市场规则和监管方面，地方人大立法和部门规章较多，使得各地方政府可以利用地方法律进行市场分割和保护；三是对行政立法和地方立法缺乏必要的司法审查制度，由此导致不同部门之间、不同地方之间、上位法和下位法之间的法律法规条款抵触，标准不一、权责不清，进一步加剧了条块分割，使市场封锁和地方保护行为往往具有“合理”“合法”的依据。

第三，司法体系不完善及执法不严加剧了市场分割和地方保护。一是司法地方化。因为司法管辖区域按行政区域设置，司法经费及法官任命均由地方负责，地方各级司法机关缺乏独立审判的制度环境，难以自觉、有效地维护全国市场的统一。二是行政诉讼难问题依然突出。由于《行政诉讼法》受理立案范围有限，只限于涉及企业或个人的人身权、财产权的案件，而不包括行政不作为、地方违反有违公平或上位法等涉及广泛利益的案件。

5. 各类标准制定和管理体制不合理，给地方和部门保护提供了条件

在标准管理体制和实施机制上，涉及商品或服务的安全性、基础性的国家标准，多数为推荐性标准，缺乏相关法律法规的支持，强制力不足，难以得到全面有效的实施；而行业标准和地方标准则由部门和地方主导，企业主体或行业协会参与较少，与企业的实际运行差距较大，不仅导致企业开拓市场面临困难，也使行业标准、地方标准成为保护地方市场、维护行业垄断的重要手段。

综上所述，由于我国社会主义市场经济体制尚不完善，消除地方保护和市场分割面临着深层体制机制的困扰。因此，必须加快推进全面深化改革和全面依法治国，破解全国统一市场建设的体制机制障碍。

四、统一市场建设中的国际经验

发达市场经济国家或地区在其经济发展过程中，也曾经历过市场封锁、地方保护和不公平交易等问题。研究发达国家或地区统一市场演变模式、发展过程及治理方法，对促进我国统一市场建设、发挥市场在资源配置中的决定性作用有重要的借鉴和启示意义。

（一）统一市场建设是与经济发展要求相适应的渐进过程

从一些发达国家（地区）统一市场建设历程来看，统一市场建设是经济发展和市场优化配置资源的内在要求。美国统一市场建设发端于18世纪后期的工业革命时期，工业规模快速扩大要求大量商品贸易跨越本州界限、在全国范围内流通，从而迫切要求联邦政府对州际贸易进行统一治理，破除各州的关税及妨碍州际贸易的各种壁垒，形成全国统一市场。同样，从20世纪50年代开始的欧洲统一市场建设（始于8国“煤钢联盟”），也是适应各国在更大范围内销售煤炭、钢铁等商品和资源的要求开始起步，并逐步向更大范围和更深层次推进的。

发达国家统一市场建设还具有明显的渐进性特点。从早期的商品和资源的流动和市场的统一，逐步向人员、资本等要素自由流动推进。例如在欧洲，从1951年签订“欧洲煤钢联盟”，到欧共体宣布1993年1月1日建成统一的内部市场，统一市场建设经历了从商品市场领域进入到商品、人员、服务和资本自由流动的全方位统一市场体系的转变。

（二）处理好中央与地方政府的关系是建设统一市场的关键

尽管发达国家（地区）的政治体制、经济发展水平、历史传统和法律体系存在差别，但是处理好中央与地方政府（成员国政府）的关系皆是建设统一市场的关键。

欧洲统一市场的形成和欧盟的建立，是各成员国的政府放弃了其在市场规制方面的部分权力，将其交给一个独立于成员国的高级机构（如欧盟），从而形成统一的商品和要素自由流动的内部市场。

同样，美国建国之初制定的邦联条例保留了各州很大的自主权和独立地位，各州均可制订各自的关税和经济法律体系，从而导致州际之间存在严重的贸易壁垒。在统一市场发展过程中，美国运用联邦宪法的“州际贸易”条款和联邦法院的司法管辖权，通过大量判例，逐步界定和划分联邦和州之间在贸易管理上的权限，提高联邦政府干预经济的权力，为其消除市场封锁分割、地方保护、不公平交易，促进国内一体化市场建设奠定了基础。

（三）统一市场建设需要强化顶层决策的权威性和法律保障

虽然美国和欧盟分别属于英美法系和大陆法系，但是统一市场建设的立法权、执行权和司法权皆属于权力的最高层。其优点在于强化顶层决策的权威性，制定统一的市场规则，降低地方政府对统一市场建设的干扰，消除地方保护的行为。

在美国，全国统一市场的立法是美国国会，并在联邦宪法中制定了“州际贸易条款”，授权联邦政府对州际贸易加以调控，在《州际贸易法案》和《谢尔曼反托拉斯法》等相关法律中给予联邦政府监管统一市场的具体执行权，将司法解释和最终裁决权赋予联邦最高法院，各州必须遵守联邦法院对相关贸易条款的判决和司法解释。

在欧盟，其具有象征宪法意义的《罗马条约》以及补充中对统一市场建设有明确的规定，而且统一市场的纲领性文件《完成内部市场》得到各成员国议会或全体国民表决通过，由欧盟委员会具体执行，司法解释和最终裁决权归属于欧盟法院。在这样的制度安排下，成员国必须根据欧盟宪法和《完成内部市场》的规定对其国内的法律进行清理和修改，不得与欧盟宪法和统一市场法相抵触。迄今，欧盟已制定了286项立法，通过立法来消除成员国之间阻碍货物、人员、劳务、资本自由流动的各种非关税壁垒。这些立法中，有95%获得欧洲议会通过，85%已转为成员国的立法。

（四）统一市场需要完善的治理体系

在美国，联邦贸易委员会是负责执行各项反托拉斯法律和维护统一市场的行政机构。委员会由5名委员组成，委员由总统任命并经参议院推荐和批准，不仅有权规范地方政府管理经济的行为，而且有权管理州际间以及与外国的商业行为管辖权。

欧盟统一市场建设的执行机构是欧盟委员会的统一市场司，该机构在28个成员国和列士敦支登、冰岛、挪威三个国家设立分支机构，从而形成统一市场建设、监管和评估体系，解决统一市场建设中的相关问题。公民或企业遇到与统一市场法令相悖的问题时，如受到不公正待遇、在其他成员国设立分支机构遇到障碍等，可以通过当地的欧盟委员会分支机构或直接向统一市场司求助。在统一市场建设体系内仍无法解决，或不满意其解决方案，可上诉到欧洲法院。这样的治理体系和执行网络，在一定程度上保证了统一市场的运行。

（五）统一市场建设需要有效的治理工具和管理方式

以欧盟为例，欧盟统一市场司为推进统一市场建设和准确评估市场运行状况，专设了评估部门，设计了评估指标体系和计分板机制，并给每个指标赋予一定的计分权重。经欧盟委员会批准后，欧盟统一市场司用这套指标体系和计分机制，对各成员国统一市场的建设和运行情况进行评估，并将评估结果在例行的欧盟部长级会议上公开，各成员国在统一市场建设方面的位次以及不足之处一目了然，从而给统一市场法规执行不力的成员国巨大的压力，敦促其及时改正。

我国是一个统一的、中央集权制的大国，在社会主义市场经济体制下，完全有条件并且有能力全面推进全国统一市场建设。

五、新时期全面推进全国统一市场建设的基本思路与政策建议

（一）全面推进统一市场建设的思路

1. 全面推进统一市场建设需要正确处理好几个关系

在我国经济社会发展进入新时期、经济增长动力转换的背景下，应按照市场体系发展的客观规律和完善我国社会主义市场经济体制的发展要求，在统一市场建设的推进和完善过程中，把握和处理好以下几个关系。

一是处理好政府和市场的关系。这是决定统一市场建设成效的关键。需要更清晰地明确政府和市场的角色定位，最大限度地减少政府对资源配置和对企业微观经营活动的直接干预，缩小行政审批、核准、备案的范围，加快法治化建设，更严格规范政府权力的边界和行政行为，让市场在资源配置上起决定性作用。

二是正确处理中央政府和地方政府的关系。一方面，要在市场规则制定和监管方面提升中央政府的作用和权威性，更有效地推进市场规则的统一和强化对统一市场的监管；另一方面，要在

调动地方发展经济积极性的基础上，有效约束其违法违规保护地方利益的手段和行为，规范和监督地方政府的司法和行政权力，保证全国市场规则的一致性，促进统一市场的形成和健康发展。

三是正确处理地方政府之间的关系。在全国“一盘棋”的原则下，既要鼓励各地方的改革创新和适度竞争，更要促进地方政府之间的合作和联动。特别是要着力促进地方政府之间实现信息共享和规则对接，相互配合，共同提升各地政府的行政和管理能力，促进各地市场之间的相互开放，为企业和商品要素在更大范围流动创造条件，实现各地区协调、协同和共同发展。

四是正确处理好规范与创新的关系。在市场创新的进程中，必然会与传统的市场制度、规则及管理方式发生冲突和矛盾，更加需要加快制度规则的调整，减少并约束各级政府影响和干扰市场创新、竞争的行为，为市场发展提供更加规范的制度和法律保障。

2. 全面推进统一市场建设的基本思路

新时期我国全面推进统一市场建设的思路是，按照全面深化改革和依法治国的要求，全面推进全国统一市场的管理体系、法律体系的改革创新，加快完善基础设施和促进市场发展创新，让市场机制发挥配置商品和要素的决定性作用，在全国范围内，形成企业自主经营、平等竞争，消费者自由选择、自主消费，商品和要素自由流动、平等交换的市场环境。

具体的推进思路和路径如下。

以市场配置资源为主导，加快转变政府职能，大规模减少政府审批，放宽市场准入限制，减少各级政府干预市场和配置资源的行政权力，让市场主体获得公平准入和平等竞争的机会，让市场机制决定商品和要素资源的配置。

以全面深化改革为动力，加快建立全国统一市场的制度安排，促进中央与地方事权、财权调整和合理匹配，全面深化财税体制改革，完善地方政府考核机制，削弱地方利益争夺和地方保护的经济动因。

以全面依法治国为保障，加快建立和完善统一、规范的市场经济法律体系，在不同地域市场之间经济联系日益紧密的条件下，按照市场经济法治化要求，建立更为协调一致的市场规则，对地方、部门干预市场的行为进行约束，有效地促进全国市场的一体化发展。

以加快市场创新为引领，多途径、大范围、深层次地促进市场组织、流通方式、商业模式的变革和创新，实现商品在更大范围内流通和资源跨地域优化配置，加快形成具有强大集聚辐射能力和多样化服务功能的现代市场体系，为全国统一市场建设提供强大的内生动力和创新活力。

以完善基础设施为支撑，加快建设高水平、现代化的基础设施和信用体系，进一步促进全国大市场、大流通、大贸易格局的形成，促进商品和要素在更大范围内顺畅自由地流动，降低流通成本，提高运行效率。

（二）进一步推进和完善统一市场建设的政策建议

1. 继续扩大国内市场间的开放，形成公平统一的准入规则

通过改革，进一步促进国内各市场间的相互开放，并尽快在全国推行负面清单管理模式，促进行政审批和许可制度改革。在落实工商登记制度改革、推广“先照后证”基础上，全面清理和取消部分领域经营许可和资质的行政审批；对确需保留的审批项目和行政许可，应明确审批程序、流程、条件和时限，建立全国统一的审批制度，避免简单下放形成新一轮地方保护。同时，加强工商登记及各管理部门电子政务系统建设和加快全国联网，尽快建立覆盖全国的“证照互认制度”，允许分支机构异地备案后直接使用。

2. 转变政府监管方式，提升监管效率

统一监管标准，促进监管与执法分离，减少监管执法人员的自由裁量权。在此基础上，清理各地、各部门的各类监管执法标准，建立全国统一的监管执法标准规定，促进各地、各部门监管执法部门之间信息共享和联合执法，避免多头执法、重复监管和一事多罚。

鼓励各级、各类监管部门尽快建立监管信息记录制度和违法违规企业黑名单制度，对守法合规经营企业和进入黑名单企业进行差别化监管制度，加大对违法违规企业的处罚力度。

充分发挥行业协会、征信机构、保险金融等中介服务组织的功能，建立社会化监管机制。在资质检查、标准实施、经营行为记录、信用评估等方面发挥社会监督作用，促进企业自觉规范经营行为。

3. 深化财税体制改革，促进事权财权合理匹配

完善地方税收体制。从长期来看，省一级政府财政收入可以更多依靠增值税、所得税分成以及资源税等，城市政府收入应更多依靠房地产税等财产税。在此基础上，赋予地方人大在地方税种方面的立法权，由地方人大决定地方税的具体税种、税率等。

调整现有主要税种的地方占比。例如，将增值税地方分享比例提高，适当增加地方财力。

加快转移支付改革。严格界定引导类、救济类和应急类专项转移支付，提高一般性转移支付，争取将一般性转移支付占全部转移支付的比重提高到2/3以上。

4. 完善统一市场的法律体系，形成有效的约束机制

在《宪法》修订过程中应明确，国家严禁各种形式的地方保护，维护全国统一市场；全国人大及其常委会拥有对跨地区贸易活动的立法权。在主要市场经济法律方面，针对当前地方保护隐蔽性强的特点，在《反垄断法》《行政许可法》等法律法规中，对地方保护的形式做出明确界定，并制定严厉的惩处条款。

建立对地方立法的审查制度。尽快完善《立法法》《行政诉讼法》等相关法规，在全国人大、国务院法制办、司法部等国家层面，建立对地方立法的备案审查制度，并建立相应的司法、行政等纠正和救济机制。

梳理现行法律法规，对其中明显不符合市场经济原则的规定，尽快根据情况的变化做出调整、修改或撤销。对地方政府制定的有悖市场统一、妨碍公平竞争的法律、法规和有关政策予以清理。

5. 建立国家级统一监管和执法机构，强化统一市场执法

在整合各行政部门监管和执法职能的基础上，在中央政府层面建立统一市场的监管机构和执法机构，为自然人、法人或者其他组织提供有效的司法救济渠道。其主要职能应包括：制定防止地区封锁、促进市场统一的行政法规；对地方政府立法和执法过程中有违市场统一性的行为进行监督、协调和行政处罚；接受有关当事人对市场歧视的投诉，对跨地区贸易纠纷进行行政仲裁等。

建立跨区域、垂直性的司法体系。大区设立司法和仲裁机构，负责对地方保护问题的监督和处置，以及对跨地区贸易纠纷的行政仲裁等。将巡回法庭司法重点从知识产权扩大到市场竞争，负责对跨地区贸易纠纷的司法裁决。

6. 改革标准制度，形成统一完善的标准体系

强化国家标准的约束性，将基础性、通用性和安全性标准上升为国家标准，以技术法规形式颁布并强制实施；对于操作性、规程性和事实性标准，则以行业标准、群体标准形式进行推广和实施；除具有产地特色的农产品之外，不再设立地方标准。

强化标准监督和实施。除国家标准外，强化行业协会在标准实施过程中的监督作用和大型企业的引导作用，通过宣传引导、对标评估、最佳实践示范等途径，促进各类标准的行业应用和跨区域应用。

7. 加强社会征信体系建设，夯实统一市场建设基础

尽快推进信用立法建设。在相关法规修订过程中，明确信用信息记录、共享、查询，信用信息和信用产品使用的相关规定，建立规范的激励守信、惩戒失信等机制。

加强各类信用信息服务平台建设。围绕商品和要素市场，推进相关行业或领域的各类信用信息共享平台建设并不断完善，不断拓展各类信息记录的广度和深度，不断完善各级信用平台服务功能，优化服务模式，推动自然人、法人信用信息的跨领域、跨部门共享和应用。

积极推动信用手段创新。重点推动第三方支付、移动支付、大宗商品网络交易平台、供应链管理等领域的信用手段创新。

8. 完善基础设施建设，构筑商品与要素流动的便捷通道

继续加强交通基础设施建设，重点加快建设以大中城市、商品集散地、交通枢纽为中心，连接陆路、水路和空运等综合交通网络，着力促进多种交通运输基础设施互联互通，为商品和要素在全国范围内自由流动提供高效支撑。

加强现代信息网络设施建设，特别是加快宽带网络升级改造，统筹提高城乡网络普及水平和接入能力，促进基于现代信息技术的技术创新和商业模式创新。

9. 加快促进市场创新，为统一市场建设提供强大的内生动力

促进现代大型市场主体发展。重点促进企业上市、并购、重组及联合，逐步形成一大批具有现代治理结构、核心竞争力的大型市场主体，成为统一市场发展的龙头和参与全球竞争的主力。

创新市场交易模式，升级商品交易市场体系。利用信息技术打破市场壁垒，大力发展电子商务，促进电子商务与传统流通产业融合发展，推动传统商品市场与金融、物流和信息互动发展。积极支持跨境贸易电子商务模式发展，加快内外贸易一体化发展。

加快要素市场体系发展创新。建设多层次、多功能金融市场体系，着力推动金融产品和服务创新，促进资金在各市场之间有序流动。稳妥推进农村土地市场化改革，完善土地交易机制，建立公开公平、城乡统一的土地市场。建立网络化、国际化的技术交易市场。整合技术交易资源，构建覆盖各领域各行业、功能完备、信息共享的技术交易网络，逐步实现与全球技术市场对接。建设业态齐备、服务创新的人力资源市场，提升国际化水平。

10. 完善政绩考核体系，建立统一市场的评价体系

在逐步取消对地方政府的 GDP 考核、加强对地方政府公共服务水平考核的基础上，借鉴欧盟经验，建立统一市场建设的评价机制和发布机制，并将此项工作纳入对地方政府的绩效考核体系，有效推动地方政府参与统一市场建设。

11. 在区域战略中先行先试，加强创新示范

在“一带一路”、京津冀协同发展、长江经济带以及“两横三纵”城市群等区域发展新战略中，注重区域市场一体化建设和相关体制机制创新探索，着力推动区域分工合作和协调联动，由片到面推动全国统一市场形成。

专题一

新时期全面推进全国统一市场建设的重要意义和可能性

从现在起到2020年，我国经济社会发展将进入一个新时期。在此期间，我国经济在经过30多年高速增长的“老常态”后，将逐步向形态更高级、分工更复杂、结构更合理、增长中高速的“新常态”演化，经济增长动力将明显进入转换阶段。同时，我国将进入全面建成小康社会的攻坚阶段、全面深化改革的决战阶段和全面推进依法治国的关键阶段，也是我国工业化基本完成阶段，更是我国第一个“百年”中国梦的初步实现阶段。在这样的重要时期和大背景下，通过全面深化改革和实行更高水平的对外开放，进一步完善市场机制，推进全国统一市场建设，对促进国民经济平稳发展和社会转型都具有重要意义，也具备了现实基础和可能性。

一、新时期全面推进全国统一市场建设的重要意义

（一）顺利实现增长阶段转换，适应和引领新常态的必然要求

近年来，我国经济增速回落下行，经济结构深度调整，制造业产能大量过剩，消费、投资和出口需求增速在趋缓中表现出新的特征，生产能力和产业组织方式、生产要素相对优势、市场竞争等呈现出新的特点，资源环境约束、经济风险积累和化解、资源配置方式和宏观调控方式等都发生了重要变化。究其原因，既有国内“三期叠加”效应的影响，更是表现出经济增长阶段转换的典型特征。当前，我国人均 GDP 已接近 10000 国际元（购买力评价指标），从国际经验和规律来看，已经到了经济增长阶段转换的重要窗口期，以往支撑我国 30 多年快速增长的原有动力机制在不断弱化，潜在增长率下降，各种要素资源成本上升，而需求则明显放缓，使得“老常态”下经济快速扩张的空间明显收缩，经济发展新常态已渐行渐近。然而，经济发展进入新常态并不是经济增长的终结，而是“向形态更高级、分工更复杂、结构更合理的阶段演化，经济发展动力正从传统增长点转向新的增长点”。因此，党中央强调认识新常态，适应新常态，引领新常态，是当前和今后一个时期我国经济发展的大逻辑。在这样的大背景下，形成依靠效率提升和创新驱动的新发展格局，实现从增量扩能为主转向调整存量、做优增量并存的深度调整，加速从制造业为主向服

务业为主的结构升级，更加需要释放市场主体的活力，发挥市场机制优化配置资源的作用，更加需要破除市场分割和地方保护，为市场主体发展、新型产业和新的增长动力的形成，提供更加广阔的市场空间和更为规范的市场环境。只有形成合理高效的统一市场，优化配置各类资源，才能真正转变发展方式，才能造就和引领新常态，才能实现增长阶段的顺利转换。

（二）全面深化改革，发挥市场配置资源决定性作用的必然要求

党的十八届三中全会明确提出经济体制改革的核心问题是处理好政府和市场的关系，使市场在资源配置中起决定性作用和更好地发挥政府作用，这是适应完善社会主义市场经济体制新要求做出的创新和发展，是对社会主义市场经济认识的新升华。市场合理配置资源的前提，是要保证市场机制在没有行政分割的更大范围内发挥作用，要在消除人为障碍和市场封锁的条件下，让各类商品和要素资源能够按照市场规则、价格信号自由流动。这就对全国统一市场的建立和完善提出了更高要求。只有通过深化改革，消除长期形成的市场分割和行政壁垒，打破现有行政区划的束缚和一切人为障碍，才能减少各种非市场因素在资源配置中的负面影响，才能营造有利于公平竞争的市场环境，促进各类商品和要素资源的优化配置。因此可以说，全国统一市场的形成，是决定市场配置资源能否发挥作用以及作用程度的先决条件，是完善我国市场经济体制的必然要求。

（三）形成高效分工协作新格局，促进各区域协调、协同和共同发展的必然要求

新时期，我国经济将进入新常态，但经济形态更高级、分工更复杂，市场内生发展动力更强烈，需要冲破地域束缚，在更大范围、更广区域、更合理的结构下谋求发展。因此，在持续实施西部开发、东北振兴、中部崛起、东部率先的区域发展总体战略的基础上，近年来党中央和国务院又系统提出了重点推进“一带一路”、京津冀协同发展、长江经济带三大区域发展新战略。其目的是通过这些区域战略的实施，在全国“一盘棋”的原则下，依据各地区的战略区位、资源禀赋和比较优势，有效形成全国区域分工协作的新体系和新格局，突出发挥协同效应，促进各区域协调、协同和共同发展。

此外，“十二五”以来，国家还重点规划、着力打造全国“二横三纵”城市群，旨在加强城市群内各城市分工协作和优势互补，增强城市群的整体竞争力，继续发挥区域带动和辐射作用。区域发展战略的高效实施，对统一市场的建立提出了新的更高要求，客观上要求通过深化改革和制度创新，进一步打破地区封锁和“一亩三分地”的传统思想禁锢，尽量消除利益的藩篱，全面提高资源配置效率。全国统一市场的建立本身就是优化经济发展空间格局和促进区域经济一体化的重要内容。要通过改革，建立全国

统一市场的制度安排，促进区域协调有序发展。

随着中国经济社会的发展以及城市化和工业化进程的推进，不同区域的比较优势和交通基础设施日益完善，全国生产力空间布局结构也发生了深刻变化，生产日趋向具有比较优势的产区转移，出现了生产区域集中化和区域分工进一步细化的趋势。从蔬菜生产布局来看，全国已初步形成了华南与西南、长江流域的冬春蔬菜，黄土高原、云贵高原、北部高纬度等地的夏秋蔬菜，黄淮海与环渤海等地的设施蔬菜六大优势区域，这些区域的蔬菜外销量已占总产量的50%以上。生产和消费空间格局的变化，推动了大规模、长距离、跨区域、宽半径的农产品流通格局，蔬菜流通形成了“五纵二横”的绿色物流通道网络，形成了覆盖全国的蔬菜物流格局。这种区域分工和生产力布局调整，客观上要求冲破区划界线和市场阻碍，形成全国统一的、多元化、多层次、多渠道的农产品流通市场体系和物流通道，从而提高分工效率，强化区域间的内在联系，促进经济协同发展。

（四）促进公平竞争，加快形成统一透明、有序规范市场环境的必然要求

“建设统一开放、竞争有序的市场体系，是使市场在资源配置中起决定性作用的基础”，也是改革开放的重要目标之一。改革开放以来，随着经济的快速发展、社会主义市场经济体制的建立、市场体系的形成以及一系列相关法律法规的颁布实施，我国在打

破地区封锁、建设全国统一市场方面取得了长足进展，商品和要素跨区域流动明显增强。但是，各类市场封锁和地方保护仍然存在，全国统一市场和公平竞争的环境尚未真正形成。只是在新的环境下，市场封锁和地方保护表现更隐蔽、形式更多样、手段更多样，保护措施貌似更合法，但负面影响更大。这些问题的存在，导致市场秩序不规范、市场规则不统一、竞争条件不公平、市场竞争不充分，影响着市场配置资源的作用和效率，损害了市场主体的利益和消费者的合法权益，还滋生了一系列腐败现象。因此，要着力消除各类市场封锁和地方保护，加快形成全国统一的商品和要素流通政策及贸易体制，有利于形成全国统一透明、公平竞争、规范有序的市场规则和环境。

（五）推进更高水平的对外开放，加快构建开放型经济新体制的必然要求

新时期，我国实施新一轮高水平对外开放，加快构建开放型经济新体制和全方位开放新格局的目标更为明确，思路更为清晰。一是“丝绸之路经济带”和“21世纪海上丝绸之路”（一带一路）战略在顶层设计和系统规划下稳步实施，加快互联互通、大通关和国际物流大通道建设步伐，双边和多边合作全面展开，并伴随一系列相关的法律法规和制度安排。二是进一步扩大内陆和沿边开放，促进经济技术开发区创新发展，提高边境经济合作区、跨境经济合作区发展水平。三是在积极开展上海自贸试验区试点，

大胆先行先试、取得经验的情况下，进一步推动广东、天津和福建自由贸易试验区建设，在全国推广成熟经验，形成各具特色的改革开放高地。利用自贸试验区，不仅有利于充分发挥我国制造业竞争优势，畅通货物贸易渠道，扩大以资本为纽带的对外投资，而且更能够形成以点带面、从线到片的更高水平开放合作的新体系。四是统筹多边双边和区域开放合作。维护多边贸易体制，推进多项国际谈判。同时，在积极引进外交和技术的情况下，大力支持和促进国内企业"走出去"，在更大、更广的国际市场上拓展经营范围，开拓国际市场。

这种开放型经济新体制和全方位开放格局的构建，对统一、开放、竞争有序的市场体系提出了新的更高要求。一方面，要求形成真正的全国统一市场，只有打破地区分割和市场封锁以及地方保护，才有利于对外开放。没有国内市场的全方位开放，对外的全方位开放难以推进。另一方面，要求建立全国统一的市场法律、竞争规则和标准体系，国内法律和规则统一，才有利于形成统一的对外开放规则、统一的负面清单和开放原则，才能统一对外谈判和合作。特别是"一带一路"是联结国内和国际市场的重要战略，客观上要求加快互联互通、大通关和国际物流大通道建设，而其前提，必须是国内市场先做到区域和城市间的互联互通、交易便利、货畅其流，各类要素能自由流动。

二、新时期建设全国统一市场的基础和条件

新时期建设全国统一市场不仅具有重要意义和必要性，而且已经具备了现实基础和条件。

（一）建设全国统一市场已成全社会的基本共识

早在1993年，党的十四届三中全会报告中就提出要“建立全国统一开放的市场体系”。此后20多年来，在历届党的代表大会和三中全会上几乎都有相关的表述。尽管由于传统体制的束缚和利益关系的羁绊，全国统一市场建设并不尽如人意，各种市场封锁和新形式的地方保护、阻碍商品和要素自由流通的行为仍然存在，但是，随着全国商品市场和要素市场体系的建立，特别是随着多种形式的区域发展战略的实施，建立全国统一市场已经成为全社会的基本共识，为建立全国统一市场奠定了思想观念的基础。

（二）全面深化改革和政府职能转变为全国统一市场建设创造了体制和制度条件

市场分割、地区封锁屡禁不止，统一市场难以形成，追根溯源是体制障碍和制度制约。例如，现行的财税体制和财权事权划分，使地方利益刚性化；简单以国内生产总值增长论英雄的考核

机制，强化了地方保护和自身利益诉求；政府干预经济过多，使行政权力成为地方利益的保护伞；区域发展差距大、社会保障体系不健全、约束地区封锁的法律制度欠缺、监督监管乏力等，都是地方保护和区域封锁的重要体制和制度根源。要消除这些体制机制障碍，唯有依靠深化改革。党的十八届三中全会全面部署了深化改革的蓝图和目标举措：通过深化财税体制、金融体制和资源要素价格体制以及地方考核机制等改革，消除形成各类市场分割封锁、地方保护和部门垄断的体制机制障碍；通过政府转变，合理约束政府行为，铲除滋生地方保护的利益之根。

（三）全国区域合作的广泛开展和国外经验为统一市场建设提供了实践基础

随着我国多种形式的区域协调发展战略的实施，区域间在互联互通、合作交流、利益共享等方面已经有了多种探索。长三角、珠三角、京津冀和中部六省、东北地区、成渝地区等在区域协同、协调发展方面已经有了广泛的实践，有的区域已经形成了省级层面的协调机制和机构。例如，长三角区域合作取得了实质性进展，建立了多层协商机制，有四年一次的长江沿岸城市经济协调会和两年一次的长江三角洲城市经济协调会，每年一次的苏浙沪三省市合作与发展座谈会，有旅游、人事、信息、科技、教育、工商、技监、城建、物流等部门的协商会。这些举措对于加强合作、协商、联动发挥了重要的作用，推进了区域及重点领域的合作，在一些重大项目和重要物流节点合作建设机制上已有重要突破。这些都为区域经济发展和全国统一市场建设提供了实践基础。另外，国外一些国家和地区通过分工协作形成统一市场，实现共同发展的大量实践，也为我国提供了经验和借鉴。

（四）电子商务等商业模式创新和突破为统一市场加快建设提供了强大动力

随着信息技术进步和互联网技术的快速发展，基于技术进步和信息基础设施体系建设基础上的新商业模式不断创新和突破，催生了电子商务的快速发展，形成了强大的市场内生力量，促进全国统一市场的形成。近些年来，电子商务在我国日用工业品、生产资料、农产品等商品的流通、分销和跨境贸易方面广泛应用，形成了重大创新和商务突破。电子商务不仅实现了大规模式交易模式的创新，而且以其快捷便利的支付体系、快速通达的物流支撑体系、海量的信息和多样化的创新服务，变革了商业模式，打破了时空限制，显著降低了交易成本，提高了流通效率。由以往的半径、商圈经济发展成为范围经济，其辐射力、竞争力和影响力空前提高。与此同时，这种新商业模式还对制造业、服务业、物流业、金融业、信息服务、大数据和征信体系产生了巨大影响，不断开发出新的巨大商机，改变着传统的生产制造、流通、物流和服务的理念、思维和动力因素。移动互联网的快速发展，又进一步助推了电子商务模式的创新发展。

电子商务模式对全国统一市场形成的倒逼作用在于，它以技术手段、商业模式和市场内生力量，打破了传统流通、分销和商品流通中人为设置的诸如设立店铺、开设公司、纳税形式等多种障碍，冲击着原有的区域分割、封锁的束缚，只要具备基础设施（如宽带、网络 WiFi 和电脑、手机等终端设备）和物流支撑，就可以在网络商务平台上完成商品交易和支付结算，享受网络平台提供的全方位的服务。即使最偏远地区的居民，也可以享有与大城市居民一样的商品、价格和服务，更接近于“满足消费者自由选择、商品自由流通、资源自由配置”的统一市场的内在要求。同时，由于多家电子商务平台的发展，也打破了一两家电商可能形成的市场垄断，促进了电子商务的竞争和模式创新。更重要的是，这种新商业模式是依靠技术进步和市场内生的动能发展起来的。它对已有的市场规则、监管手段提出了挑战，需要根据技术进步和市场内生发展要求，加快制定更加完善、一致的市场规则。

（五）依法治国方略为全国统一市场建设提供了法律和制度保障

多年来，我国在市场体系相关法律建设方面有了一些进展，但总体来看，与统一市场建设相关的立法还比较薄弱。特别是统一市场建设与政府现有的职能有着密切联系，改革不到位，法律体系难以建立和完善，统一市场也难以形成。党的十八届四中全会以“依法治国”“依宪治国”为目标，全面部署了依法治国方略，大大提高了国家治理能力和治理体系的现代化，也为全国统一市场建设提供了法律制度保障。同时，随着市场监管体制改革，科学、合理、高效的市场监管体系正逐步建立，多样化的社会信用体系也加快了建设步伐。这些都为统一市场的形成和建设提供了法制基础和保障。

（六）企业主体发展能力增强为统一市场建设提供了主体基础

企业是经济的基本细胞，全国统一市场的形成，要依靠众多有为的企业主体来推动和实现。随着改革开放和经济的快速发展，我国各种类型的市场主体不断发展壮大，一批批规模大、市场竞争能力强的企业脱颖而出，成为促进经济发展的中坚力量。以流通市场为例，不仅有规模大、实力强的大中型国有骨干企业，而且发展起一大批有实力、勇于创新的民营企业，释放出巨大的生机和活力。

随着改革的深化，企业创新转型的发展环境将继续得到优化。例如，进一步放宽市场准入限制，放开商贸物流、电子商务等领域进入规制，深化登记制度改革，创造有利于企业跨地区经营的良好环境，取消限制企业兼并重组和增加企业兼并重组负担的不合理规定，加大对中小流通创新创业的扶持，鼓励各类非公有制经济的发展。在这样的环境下，企业主体地位进一步增长，竞争能力将进一步提高，推动全国统一市场的建设。

（七）多层次、跨区域、广辐射的市场体系基本形成，为统一市场建设提供了市场载体

改革开放以来，特别党是十四大以来，我国多层次、跨区域、广辐射的商品市场体系和要素市场体系已基本形成。形成了多种经济成分、多种市场流通渠道、多种经营方式并存的商品市场体系和格局。绝大多数商品已经形成了跨区域的流通网络。形成了多业态的零售体系。同时，形成了多种形式、多元批发主体的新型现代批发体系。我国土地、劳动力、资本等生产要素的市场化程度不断提高，推动了市场体系建设，促进了国民经济平稳较快发展。但总体上看，要素市场体系建设相对薄弱，市场化进程落后于商品市场化进程。要素市场分割现象制约着要素资源在更大范围优化配置，影响我国经济提质增效，需要通过改革和发展进一步提高。

（八）基础设施建设不断完善，为各类要素资源的顺畅高效流动创造了条件

经过多年快速建设和持续发展，2013 年末，我国公路总里程达到435.62 万公里，密度为 45.38 公里/百平方公里（见图 2）；纵贯东西、横穿南北的“五纵七横”12 条主要由高等级公路组成的国道主干线网建成，能快速连接首都、各省会城市、直辖市、经济特区、主要交通枢纽和重要对外开放口岸，覆盖全国所有人口在 100 万以上的特大城市和 93% 的人口在 50 万以上的大城市。

至 2014 年底，全国高速公路通车总里程已达 11.19 万公里，

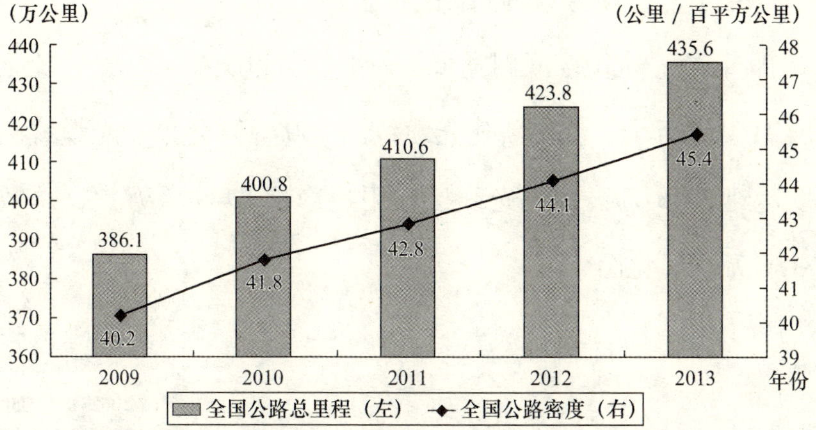

图2　2009～2013 年全国公路总里程及公路密度

资料来源：交通运输部发布的《2013 年交通运输行业发展统计公报》。

其中高铁运营里程达到 1.1 万公里，居世界之首。2013 年末，全国内河航道通航里程 12.59 万公里，等级航道 6.49 万公里，占总里程 51.6%。目前，全国港口拥有生产用码头泊位 31760 个。中国民航 2013 年完成运输总周转量 673 亿吨公里、货邮运输量 557 万吨（见图 3）。

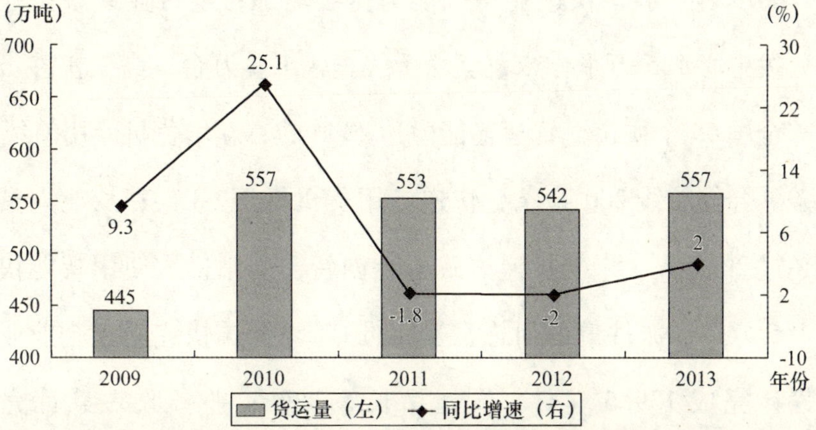

图3　2009～2013 年中国民航货运量及增速

资料来源：《2013 年中国民航生产运输的五大特点》，民航资源网。

2014年，我国移动电话用户总数达12.86亿户，普及率达94.5部/百人；全国互联网宽带接入端口数量突破4亿个，比上年净增4160.1万个；全国新建光缆线路300.7万公里，光缆线路总长度达到2046万公里，光纤接入用户净增2749.3万户，总数达6831.6万户（见图4）。

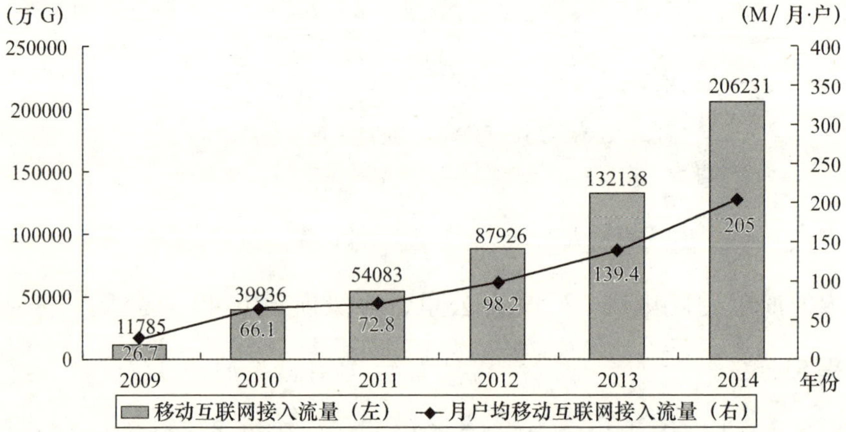

图4　2009～2014年互联网宽带接入端口发展情况

资料来源："2014年我国通信业经济运行状况分析"，《人民邮电报》，2015年1月21日。

2014年，我国快递业基础能力持续增加，全行业共改扩建转运分拨中心185万平方米；新增干线车辆1.2万台；高铁快件班列覆盖全国65个城市，日运输能力达2000吨；新增货机专用航线40余条、合作航线200余条，快递专用货机增至68架；从业人员增加超过20万人。末端投递方式不断创新，全年投入使用智能快件箱1.5万个，派件量占到总业务量的1%。全国快递服务企业业务量累计完成139.6亿件，同比增长51.9%；业务收入累计完成2045.4亿元，同比增长41.9%，跃居世界第一。

目前，我国冷链物流设施总容量为 1000 多万立方米，主要是肉类、蔬菜的冷冻贮藏，2013 年我国有 2 万座冷库，全国公用型冷库容量 2637. 09 万吨，折合 7127. 27 万立方米。各领域基础设施建设的加快发展，为各类要素在全国范围内流动和统一市场的建立提供了必要的条件。

专题二

我国统一市场的发展历程、现状及评价

一、改革开放以来我国统一市场的发展历程与现状

（一）统一市场的内涵与特征

统一市场是指在一国（地区）范围内，基于社会分工和市场经济发展基础上形成的各地方市场相互开放、规则统一、公平竞争、通达顺畅的市场体系。在统一市场中，市场机制在资源配置中起决定性作用，市场壁垒基本消除，企业自主经营、公平竞争，消费者自由选择、自主消费，商品和要素自由流动、平等交换。概括起来，相对完善的统一市场应具备以下衡量标准或主要特征。

一是市场的开放性。在全国范围内，各市场之间相互开放、紧密联系，商品和要素流动没有地域之间的限制和封锁，并与世界市场相互连通。

二是规则的一致性。规则包括国家法律、地方和部门法规以

及标准等。即在一国（地区）内具有统一的市场运行规则、监管制度和法律体系，为所有市场主体和商品要素流通提供公开、透明、公正、平等的市场环境。在事前，实行统一的市场准入制度，在制定负面清单基础上，各类市场主体可依法平等进入清单之外领域；在事中和事后，实行统一的市场监管规则，特别是在反对地方保护、反对垄断和不正当竞争，建立健全社会征信体系和市场化退出制度等方面实行统一的规则。

三是竞争的公平性。各类市场主体作为自主经营、自负盈亏的实体和市场竞争主体，具有平等获得生产要素和资源的权利，并在公开透明的市场规则下平等地参与竞争。

四是商品和要素的自由流动性。商品和要素在一国（地区）范围内，在比较利益基础上具有自由流动的内在动力，自主界定其流动范围，同时具有相应的流通基础设施条件，保证商品和要素在更大的空间范围内顺畅流动。

五是价格形成机制市场化。能由市场形成的价格都由市场供求决定，价格能及时准确地反映市场供求变化，政府不进行不当干预。政府定价范围主要限定在重要公用事业、公益性服务、网络型自然垄断环节，过程公开透明，接受社会监督。

（二）改革开放以来我国统一市场发展的历程及特征

在 30 多年的改革开放进程中，伴随着经济的快速增长，我国市场体系经历了发育、发展和逐步完善的阶段，统一市场建设已经具备了较好的市场体系基础。

1. 中国市场发育的初始阶段（1978～1991年）

其背景是党的十一届三中全会开启改革的序幕，以家庭联产承包责任制为主要内容的农村改革率先启动，极大地释放了农村生产力，在较短的时间内解决了城乡居民的温饱问题，为农副产品商品化提供了基础。1981年党的十一届六中全会《关于建国以来党的若干历史问题的决议》首次提出“计划经济为主，市场调节为辅”的方针。1982年党的十二大报告中进一步明确了“计划经济为主，市场调节为辅”的经济管理原则，指出“正确贯彻计划经济为主、市场调节为辅的原则，是经济体制改革中的一个根本性的问题。我们要正确划分指令性计划、指导性计划和市场调节各自的范围和界限”[①]。1984年党的十二届三中全会《中共中央关于经济体制改革的决定》明确了社会主义经济是“公有制基础上有计划的商品经济”的基本认识，经济体制改革重心从农村转入城市。1987年党的十三大报告中明确提出了“加强建立和培育社会主义市场体系”的概念，同时提出“国家调节市场，市场引导企业”的改革路径。这为我国流通体制的改革和调整、统一市场的建立提供了政策依据和现实可能。

这一阶段，我国流通体制改革和统一市场建立主要呈现三个方面的突出特征。

① 《全面开创社会主义现代化建设新局面——在中国共产党第十二次全国代表大会上的报告》，1982年2月。

（1）市场从封闭走向开放，改革和调整农副产品、工业品和生产资料购销体制，大幅调减计划商品种类和比重，扩大市场调节的范围。在改革之初，一方面，改革购销体制，将农副产品依据其重要程度划分为一、二、三类，分别进行统购、派购和议购；对日用工业品全面实行统购统销、计划收购、定购、选购、代批代销以及工商联营联销等形式；对生产资料发展了定量定点供应、配套承包供应、凭票供应等多种供应形式。另一方面，扩大了市场调节商品的范围和比重。截至 1984 年底，经国务院批准，由商务部管理的商品中，一、二类农副产品种类由 46 种调减为 12 种，计划商品由原来的 135 种调减为 26 种；由物资部门管理的商品中，钢材、煤炭、木材、水泥、有色金属等统配比重都有所下降，其中钢材由 77%下降到62%，五种有色金融由 68%下降到 56%。为进一步搞好农村经济，取消了粮食、棉花、油料等主要农副产品的统购、派购，实行合同定购，取消了日用工业品指令性计划商品。到 1991 年，除城镇居民定量供油和军供用油实行统销外，其余农副产品皆由市场销售。与此同时，进一步缩减由国家进行计划管理的商品和生产资料，截至 1991 年底，商业系统由国家进行计划管理的商品由 1978 年的 274 种调减为 12 种，国家统一分配的生产资料由 256 种减少到 30 种。

（2）引入市场竞争机制，对国有商业企业进行放权让利和所有制改革，鼓励扶持集体、个人等多种所有制商业发展，产生和形成了一批自主经营、自负盈亏的市场实体和市场竞争主体。改革之初，恢复、发展农村集市贸易，放开城市农副产品市场，通过“改、转、租、卖”等多种方式将部分国营小型商业、饮食和服务企业转为集体和个人所有，供销社改“官办”为“民办”。这一系列改革不仅打破了建国以来长期实行的计划机制的准入壁垒，也打破了过去由国家独家经商、计划封闭运行、渠道单一的流通格局，开始形成国有、集体、个体私营共存的多元化市场主体[①]。截至1991年底，我国商业经营机构中，94%的国有大中型商业企业实行承包制，90%以上的小型商业企业放开经营。从所有制结构看，个体商业占81%，集体商业占14.1%，全民所有制商业占4.7%，此外，还有部分中外合营商业和私营商业。在社会商品零售总额中，全民所有制商业占40.2%，集体商业占30%，个体商业占19.6%。

（3）引入市场化价格形成机制，改革和调整产品价格体系，放开部分商品价格，使由市场供求决定价格的价格形成机制开始发挥作用。价格改革初期，采用调整为主、调放结合的政策。截至1984年，除12类由商务部管理的农副产品外，其余农副产品价格已经完全放开，日用小商品的价格也全部放开，部分生产物资类产品实行浮动定价，但国家定价仍是主要形式。后期的价格改革重点是转换价格形成机制、建立和完善价格调控体系、放开大部

① 截至1984年底，全国城乡个体户930.4万户，有58060个小型国有零售商业、饮食业和服务企业放开经营。其中，转为“国家所有、集体经营”的46589个，转为集体所有制的5554个，转为个人经营的5917个。

分农产品价格和多种工业消费品价格，对生产资料实行“双轨制”——建立价格总水平检测与调控体系以及某些重要商品的储备制度和价格调节基金。

总体而言，这一阶段市场的发育先是在计划经济体制的总体格局下展开的，且局限于部分农副产品和日用消费品市场领域的放开，无论是市场主体规模、市场准入的范围、市场调节价格的商品数量以及商品流动的范围，都十分有限。这一时期主要是试点，取得经验，为全面改革做准备，因而，统一市场的建设处于初始阶段，但市场体系建设已经“破土而出”，市场开始成为配置资源的辅助和补充手段。

随着经济体制改革的推进，后期在有计划的商品经济体制下，市场主体发育、商品市场调节的范围以及商品价格形成机制都有所发展，特别是随着农副产品市场、部分日用工业消费品市场的放开，市场建设随之有了较快的发展。但是，它们仍是在计划经济体制框架下进行，市场的发育仍受到计划经济体制的羁绊，市场体系建设缺少必要的法律依据和理论支撑，没有形成统一的市场规则，市场竞争也不充分；我国仍处于短缺经济条件下，以本地商品资源保护为特征的地方保护和市场封锁较为严重。因此，统一市场建设仍具有明显的局限性。

2. 统一市场建设的起步发展阶段（1992～2001 年）

1992 年初邓小平南方讲话和党的十四大报告确立了建立社会主义市场经济体制的改革目标，提出了在国家宏观调控下发挥市场机制对资源配置起基础性作用的重要理念，标志着改革开放和现代化建设进入了一个新阶段。1993 年十四届三中全会提出市场体系是社会主义市场经济体制的重要组成部分，并首次提出建立“统一开放、竞争有序的市场体系”的任务，极大地促进了市场体系的建设和发展，统一市场建设开始向纵深发展。

这一阶段，我国流通体制改革和统一市场建立主要呈现以下突出特征。

（1）市场进一步放开。经济的高增长带动商品市场的迅速发展，初步形成了以大中城市为核心、遍布城乡的多层次、多门类市场体系，全国统一的商品市场初步建立并不断完善。从市场规模总量看，2000 年全国亿元以上的商品交易市场达到 3087 个，成交额达到 15.67 万亿元，涉及纺织品、服装、家具、机动车、农副产品、农资等 20 多个门类。全国性及区域性批发市场迅速发展，1998 年，全国交易额超亿元的批发市场已逾千家。专业批发市场异军突起，出现了包括浙江省义乌小商品市场、福建省石狮服装市场、四川省成都荷花池市场等在内的交易额上亿直至百亿元的专业批发市场。随着商品市场发展的需要，1990 年郑州粮食批发市场开业并开始试行远期合同交易。为规范期货交易，2000 年将 33 家期货交易所压缩合并为大连、郑州、上海 3 家期货交易所，商品期货交易品种 12 个。同期，零售市场发展迅速。1992 年以后，我国城乡集贸市场进入了发展高峰期，1995 年底，全国共有集贸市场 82892 个，成交额 11590 亿元，是 1990 年的 5 倍多。零售市场和零售企业皆呈现大型化、多样化、连锁化、一体化趋势。批发、零售市场的快速发展，有效地促进了统一市场的发展和形成。

（2）市场竞争更加充分。商业企业改革不断深化，商业经营主体更加多元化，基本形成了国有、集体、个人及私营、外资并存的多种所有制结构，市场竞争日趋充分。一方面，以股份制改造和股份合作制为重心的公有制商业企业制度改革在全国各地展开。到1992年全国已有包括上海第一百货商店在内的股份制商业企业200多家。另一方面，个体、私营等非公有制商业蓬勃发展，商业领域开始向外商投资开放，中外合资、中外合作商业快速兴起。1997年底，在社会消费品零售总额中，非公有经济占比超过国有经济和集体经济，达到50%以上。到2000年，进入我国的外资商业企业共计300余家，占我国零售市场份额的2.5%。

（3）市场化价格形成机制基本确立。商品价格进一步市场化，市场化的商品价格体系和价格形成机制初步确立。1992年，全国商品市场中由市场调节的农副产品为77.8%、消费品为83.4%、生产资料为61.8%。1992年底，由国家定价的商品价格比重已不足20%。1993年底，粮食价格全部放开。社会商品零售总额中时常调节价格的比重上升到90%，生产资料除少数（10种）物资按计划分配供给外，基本实现生产资料自由购销。中国沿海地区地市级生产企业所需物资的95%、重点大型企业所需物资的85%都是通过市场进行自由购销，初步实现了由政府定价体制向市场价格体制转轨，市场机制在价格形成中的主导地位基本确立。

（4）市场运行的规则体系开始建立。深化市场管理体制改革，市场监管开始进入法制化发展阶段。随着商品市场的不断发展，市场管理体制也不断发展完善。首先，改革了行政管理体制，撤销原商业部、物资部，组建国内贸易部，主管全国商品流通，结束了消费品和生产资料流通分割管理的局面。其次，颁布和实施了一系列与商业、市场有关的法规，规范市场行为，优化市场环境。制定了《经济合同法》《反不正当竞争法》《产品质量法》《广告法》《商标法》和《消费者权益保护法》等商业活动的上位法，发布了《期货市场管理暂行条例》《商品市场登记管理办法》《批发市场管理办法》《连锁店经营管理规范意见》《国务院关于禁止在市场经济活动中实行地区封锁的规定》等规范商品市场行为的法规，对统一市场的建立和规范发展发挥了重要作用。

总体而言，这一时期是我国统一市场建设发展最快的阶段，市场机制在配置商品资源过程中发挥着越来越重要的作用。但这一时期我国正从短缺经济发展为过剩经济，统一的市场规则尚不完善，于是，短缺经济时期基于保护地方商品资源的地方封锁和地方保护与过剩时期基于保护市场资源的地方封锁和地方保护一直较为严重，保护手段也从最初的以行政手段为主发展为法律、行政、经济手段并举，且更为严厉。所以，此时期虽然采取了一系列整治措施，但地方保护和地方封锁还是在一定程度上影响和制约了统一市场的建立和完善。

3. 统一市场建设的加速推进阶段（2002～2012年）

其背景是，进入“十五”之后，社会主义市场经济体制初步建立。2001年中国加入WTO，促使中国市场体系在市场规则、运行机制、法律制度等方面与国际市场接轨的步伐加快，中国市场已成为国际市场的重要组成部分。这一时期，市场体系建设特别是要素市场建设步伐加快，市场逐步对外开放，市场化程度不断提高，流通体制改革主要围绕规范商品市场流通秩序和改善流通环境展开，我国统一市场建设进入规范化、制度化和法制化的实质性提升阶段。

这一阶段，我国的流通体制改革和统一市场建立主要呈现以下突出特征。

（1）市场更加开放，全国统一市场格局基本形成。这一阶段，市场的开放从前期的以改革推动转向依靠市场的内生动力推动。随着我国对外开放的加深，连锁经营方式在我国迅速发展起来，国外先进的各种零售业态也先后进入我国，超级市场、便利店、专卖店、无固定地点销售等新的业态形式层出不穷。2012年，中国连锁百强的销售额达到1.87万亿元，是2001年的11.5倍，连锁门店9.4万个，是2001年的7.1倍。连锁经营的组织形式也被应用到批发市场，深圳布吉农产品、华南城等批发市场正式借助连锁经营在短期内实现了跨地区快速扩张。连锁经营和新型零售业态的快速发展推动全国统一市场的形成和发展。与此同时，电子商务的发展在更大程度上突破了地域的封锁，促进全国统一市场的形成和发展。

（2）市场化价格形成机制范围更广。市场决定商品和要素价格的机制基本形成。在价格市场化改革较早的商品市场，市场化价格形成机制已经确立，政府定价范围主要限定在重要公用事业、公益性服务、网络型自然垄断环节，水、石油、天然气、电力、交通、电信等领域价格改革相对滞后。在要素市场，劳动力价格基本由市场机制决定，2002 年《招标拍卖挂牌出让国有土地使用权规定》正式实施，市场形成土地使用权价格的机制已经确立，在房地产、产权、信息、技术等市场上，价格也已基本由视察国内供求调节，在金融市场上，利率市场化改革已取得重要进展，商业银行的贷款利率上限已基本放开，由市场调节，有家证券发行价格也基本实现了市场定价。

（3）市场规则更加完善。通过清理法规、设计法律框架和制定法规，来构建市场法律基本体系框架，市场规则向体系化、法制化、标准化方向发展。这一时期不仅清理了 1998 年以来的相关市场流通法律文件 1000 余件，分两批废止不适应当时市场流通形势的法律文件 110 件，并初步设计完成了我国市场流通法律体系的框架。2005 年，商务部组织制定我国市场流通法律体系的框架方案，包括市场主体、市场行为、市场秩序在内的法规制度等。国家制定和发布了《反垄断法》《期货交易管理条例》《外商投资商业领域管理办法》等一批重点法规，对规范我国统一市场的建立发挥了重要作用。

4. 我国统一市场建设的全面推进阶段（2013 年至今）

其背景是，十八大提出了全面深化经济体制改革的核心问题是处理好政府和市场的关系，必须更加尊重市场规律，更好地发挥政府的作用，健全现代市场体系。十八届三中全会《中共中央关于全面深化改革若干重大问题的决定》提出建设统一开放、竞争有序的市场体系，是使市场在资源配置中起决定性作用的基础。必须加快形成企业自主经营、公平竞争，消费者自由选择、自主消费，商品和要素自由流动、平等交换的现代市场体系，着力清除市场壁垒，提高资源配置效率和公平性。这一时期虽然仅有两年多的时间，但在电子商务等现代商业模式创新的带动下，我国统一市场的建设呈现出以下新特征。

（1）市场开放获得了前所未有的发展，更大范围、更宽领域的统一市场开始形成。新时期，我国实施新一轮高水平对外开放，加快构建开放型经济新体制和全方位开放新格局的思路更为清晰。“丝绸之路经济带”和“21 世纪海上丝绸之路”（一带一路）战略在顶层设计和系统规划下稳步实施，互联互通、大通关和国际物流大通道建设步伐明显加快，双边和多边合作全面展开，并伴随一系列相关的制度安排；进一步扩大内陆和沿边开放，促进经济技术开发区创新发展，提高边境经济合作区、跨境经济合作区发展水平；上海自贸试验区试点，大胆先行先试、取得经验，进一步推动广东、天津和福建自由贸易试验区建设，在全国推广成熟经验，形成各具特色的改革开放高地。这种开放型经济新体制和全方位开放格局的构建，要求形成真正的全国统一市场和全国统一的法律、竞争规则和标准体系。

与此同时，从供给看，我国市场发展已经全面进入供给相对过剩的买方市场阶段；从需求看，呈现多层次、多样化、个性化、小批量的新特征，生产的相对集中和产销分离的趋势也越来越明显，海量的商品要实现销售，必须在更大的市场范围内进行销售，因此，市场供求的内生动力要求市场进一步放开。另一方面，信息技术和互联网技术的广泛应用以及商业模式的不断创新，使得空间分离的产销格局下的供需能够通过现代市场体系实现销售，从而客观上促进市场在更大范围更宽领域的统一。

（2）价格形成更加市场化，市场竞争更加充分。商业流通领域是我国经济体制改革过程中最先放开的领域，经过 30 多年的发展，已经形成了多种经济成分、多业态、多层次的流通主体格局，市场竞争比较充分。电子商务在我国产生之初就具有完全的市场化特征，投资主体可以自由进入或退出电子商务行业，形成了众多自主经营、自负盈亏的多元化经营主体：既有阿里巴巴、京东商城这样的巨无霸上市企业，也有数以万计的中小电商。在市场竞争中，由市场决定的价格形成机制成为市场竞争和发展的内在动力。

（3）商品和要素流动更加自由。技术进步和商业模式创新在很大程度上推动了商品和要素的自由流动，进而促进了全国统一市场的发展和提升。进入 21 世纪以来，信息通信技术和移动通信网络的不断发展催生了商业模式的不断创新。电子商务、连锁经营、物流配送等现代流通方式极大地促进了商品和各种要素在全国范围内自由流动和充分竞争，特别是电子商务的兴起和快速发展，使商品流通空间和范围得到极大扩展，甚至不受时间和空间的限制，大大减少了交易环节，降低了流通成本，对于打破地区封锁、形成统一市场具有革命意义。

二、对目前全国统一市场的评价

我国统一市场建设经过30余年发展，至今，全国统一市场已经基本建立，但地方保护、市场分割在某些地区和行业领域依然存在。主要表现在以下几方面。

（一）开放性市场体系基本建立，多门类、多层次的全国统一市场已基本形成，市场规模不断扩大

经过不断探索和创新，我国成功实现了从高度集中的计划经济体制向充满活力的社会主义市场经济体制、从封闭半封闭市场到全方位开放市场的历史转折，商品市场数量不断增加，市场覆盖范围和领域日趋宽泛，已经形成了包括生产资料、生活资料在内的有形市场和无形市场相结合、现货市场和期货市场相结合、批发和零售相结合的多层次、多门类的商品市场体系，形成了多种经济成分、多种市场流通渠道、多种经营方式并存的商品市场

体系和格局。绝大多数商品已经形成了跨区域发展的流通网络，特别是一些大型批发和零售企业交易规模大、辐射能力强，产品深购远销，促进了全国统一市场的形成和发展。与此同时，市场规模不断扩大。自改革开放以来，我国社会消费品零售总额持续增长，2014 年，全国社会消费品零售总额26.2 万亿元，是1978 年的 168 倍。

全国统一的多层次要素市场已经基本形成。在资本市场上，已形成包括国债市场、股票市场、企业中长期债券市场和中长期信贷市场在内的资本市场体系；在土地市上，场形成了包括土地出让、转让、抵押和出租市场等；在劳动力市场上，则形成了求职、就业、培训、专业等多种市场形式。市场规模不断扩大。以资本市场为例，截至2014 年底，沪深两市证券交易所共有上市公司股票2555 只，总市值超过35 万亿元。

（二）市场化价格形成机制已经确立，为市场配置资源发挥决定性作用奠定了基本条件

时至今日，我国商品价格形成机制的市场化程度已经较高，除了与国计民生关系重大的少数重点商品和服务项目外，我国绝大多数商品和服务价格已由市场决定，使得商品和要素在比较利益基础上自由流动，是促进统一市场建设和市场机制发挥配置资源作用的内在动力。在要素市场，劳动力价格已基本由市场机制决定，劳动者根据市场信号自由流动。2002 年《招标拍卖出让国有土地使用权规定》正式实施，土地出让价格由市场决定。在房地产、产权、信息、技术等市场上，价格也已基本由市场供求调节。在金融市场上，利率市场化改革取得重要进展，商业银行的贷款利率上限已基本由市场调节；有价证券发行价格基本实现了市场定价。随着政府价格管理体制改革的不断深化，由市场形成价格为主的价格形成机制确立，有效推动了统一市场建设和市场机制发挥配置资源的作用。

表1　　改革开放以来我国商品价格形成机制的变化情况　　单位:%

	定价形式	1978 年	1991 年	1992 年	1998 年	2000 年	2006 年
社会商品零售价格	政府定价	97.0	20.9	5.9	4.1	3.2	2.8
	政府指导价	0.0	10.3	1.1	1.2	1.0	1.9
	市场调节价	3.0	68.8	93.0	94.7	95.8	95.3
农产品收购价格	政府定价	92.2	22.2	12.5	9.1	4.7	1.2
	政府指导价	2.2	20.0	5.7	7.1	2.8	1.7
	市场调节价	5.6	57.8	81.8	83.8	92.5	97.1
生产资料销售价格	政府定价	100.0	36.0	18.7	9.6	8.4	5.6
	政府指导价	0.0	18.3	7.5	4.4	4.2	2.3
	市场调节价	0.0	45.7	73.8	86.0	87.4	92.1

资料来源：成志平：《价格改革三十年》，中国市场出版社 2006 年版。

（三）商品市场组织形式、营销模式不断创新，为统一市场建设提供了强大的市场动力

商业零售业连锁经营组织形式的应用，使得商业企业跨地区发展的能力和效率大大提高。2013 年，我国连锁百强企业销售规模达到2.04 万亿元，占社会消费品零售总额的8.9%，同期，新

增名店6600余个，总数达到9.5万个。电子商务在更大范围内突破了时间和空间的制约，极大地突破了市场的地域和行业封锁，推进了全国统一市场的形成。2014年，全国网上零售额达到近2.8万亿元，相当于同期社会消费品零售总额的10%以上。商业设施建设和现代化水平显著提高，第三方物流市场发展迅速，保证了商品在更大空间范围内顺畅流动。

（四）统一的法律规则和标准体系基本建立，为统一市场建设奠定了必要的法制基础

随着商品市场和要素市场的有序放开，已形成了竞争较为充分的市场领域，同时，维护市场有序性的相关法规体系逐步建立。如《反垄断法》《反不正当竞争法》《关于制止低价倾销行为的规定》《国务院关于禁止在市场经济活动中实行地区封锁的规定》等法规先后出台；市场管理方面，《价格法》《证券法》《期货市场管理条例》《商品市场登记管理办法》等陆续实施。另外，对商品市场组织形式创新、营销方式创新的制度规范也相继颁布。这些法律规范和行政规章的出台，对规范市场秩序和市场行为、促进统一市场的健康发展发挥了重要作用。

（五）市场主体结构进一步优化，市场竞争公平性有所增强

随着商品市场和要素市场改革的深化及对外开放水平的提高，包括国有、集体和个体、私营、外资、合资等多种所有制形式共同发展的格局已经形成，国有、集体资本和非公有制资本通过入股、参股等方式相互渗透、融合，形成的混合所有制形式企业显示出越来越强的生命力，使得市场竞争更加充分，更具活力。

（六）基础设施日益完善，为促进商品和要素自由流动提供支撑

经过多年快速建设和持续发展，我国已基本形成了以铁路、高速公路为骨干，以普通国道和省道为基础，与民航、水路和管道共同组成的连接东西、纵贯南北的综合交通运输网络。到2014年底，“五纵七横”12条主要由高等级公路组成的国道主干线网建成，覆盖了全国特大城市的所有人口和大城市93%的人口；全国高速公路通车总里程已达11.2万公里，其中高铁运营里程达到1.1万公里，居世界之首；移动电话用户总数达12.9亿户，普及率达94.5部/百人；全国互联网宽带接入端口数量突破4亿个，互联网国际出口带宽增速显著。各领域基础设施建设加快发展，为各类要素在全国范围内流动和统一市场的建立提供了重要支撑。

总体而言，随着我国市场体系的加快发展和统一市场建设的推进，影响企业公平竞争、商品要素自由流动的许多障碍和约束正在逐步得到清除和破解，市场建设在开放性、规则一致性、竞争公平性以及商品和要素自由流动性方面取得了明显成效，为新时期全面推进统一市场建设提供了较好的基础。同时，也应该看到，地方保护始终相伴而行，并随着经济发展水平和市场发育程度的提高。为应对国家对地方保护的不断整治，地方保护的重点内容和形式也在不断变化，保护手段越来越隐蔽，从过去的直接行政性干预向运用经济、法律、技术手段转移，保护的范围也由过去的商品市场扩大到要素市场。地方保护在一定程度上限制和阻碍了全国统一市场的形成。

专题三

全国统一市场建设过程中面临的主要障碍及成因分析

总体来看，我国统一市场建设取得了明显成效，但由于社会主义市场经济体制和法治体系尚不完善，地方保护和市场分割问题依然存在，而且随着市场条件的变化和国家政策的调整，其做法更隐蔽、形式更复杂、手段更多样，其背后存在着深层次的体制机制根源和利益动机，极大地阻碍着全国统一市场的建设进展。

一、全国统一市场建设面临的主要障碍及突出表现

（一）仍存在准入歧视，市场主体难以公平竞争

从事前监管来看，我国已逐步取消了大量行政审批项目，并简化了审批程序，行政体制和经济管理体制改革取得明显进展。但在国家和地方准入政策执行过程中，依然存在主体不平等、或明或暗附加条件等情况，影响统一市场形成和要素自由流动。

在一些行业或领域，仍有对民营或外资企业准入的歧视。同时，一些地方政府普遍要求企业设立独立法人机构或购买土地，否则会在审批、注册、环评、供地、招标等方面设置障碍，导致本地市场扩大开放受到制约，而很多缺乏竞争力的企业却能在地方政府的“照顾”下维持经营和得到发展。

【案例1】　连锁经营企业跨区域投资普遍面临属地法人注册的要求

多年来，我国连锁经营企业进行跨区域投资和业务拓展时，普遍面临当地政府要求进行属地法人注册和纳税的问题。如果在当地注册纳税，投资和项目就能得到当地政府的大力推进，并充分享受当地各项优惠政策，否则，在审批立项、供地、环评等环节会面临各种困难。

这种状况对连锁企业跨区域经营和拓展业务非常不利。一是不利于集团公司对各分支机构的采购、运营、成本采取统一管理，制约运营效率的提升。二是不能实现各区域分支机构合并纳税。由于分支机构或分公司利润无法实现盈亏冲抵纳税，导致企业税负增加。据中国连锁经营协会对华润万家、物美、沃尔玛、大润发、苏果、家乐福、百胜等大型连锁企业进行的调研显示，连锁企业普遍存在“过度交税”问题，实际所得税率高于25%的法定税率。三是导致企业运营成本、财务成本、员工成本大幅增加，而且由于不能实现临近网点间的货物调拨，导致物流成本上涨和经营效率降低。

资料来源：中国连锁经营协会。

从具体行业或领域来看，在专业服务、金融保险、公用事业、基础设施，以及石化、电信、电力、民航、文化等领域，非国有企业普遍面临准入障碍和不平等待遇。

即使在政策已经明确放开的领域，在准入和审批的实际操作过程中，也仍然存在提供商品和服务的限制，“大小门”“玻璃门”和“弹簧门”时有发生。在准入和审批过程中，地方政府对本地市场和企业的保护越来越倾向于采用间接和隐蔽手段。主要表现在：一是从明文规定和正式文件转向口头要求或双重标准；二是要求被审批企业提供难以提供的许可或手续；三是滥用国家安全、信息安全、能源安全、食品安全等规定；四是通过不透明的采购招标程序及条件，采用有利于某类或某家企业的保护性标准，排斥其他企业进入并获取合同；五是在招标采购过程中要求技术转让，或者要求与当地企业合作竞标。

（二）监管规则不统一，差别化执法现象仍很普遍

从事中事后来看，监管的公平性和透明度较为欠缺，特别是监管规则不统一。在融资、供地、环保、质检、卫生及消防检查等方面，依然对不同所有制、不同规模和不同地区主体存在差别性政策，监管的公平性和透明度有待进一步提升。这主要集中在两种意见上。

一种意见集中在非国有企业和中小企业。这些企业普遍认为，国家和地方政府在监管过程中对国有企业给予过多“照顾”。对于

国有企业近年的发展，表象上看是国有企业竞争力得到提升，但实际情况却是，国有企业在要素和市场的竞争中处于优先照顾地位，各主体竞争起点并不公平。近两年，民营企业在产品质量和创新能力、定价能力及人才吸引力方面均有所提升，但财税优惠、融资能力反而明显降低；而国有企业在产品质量和创新能力方面远低于民营企业和外资企业的情况下，在政府关系、享受补贴及税收优惠和融资能力等方面的竞争优势反而增强（见表1）。

表1　不同所有制类型企业竞争优势变化情况（2013～2014年）　单位：%

指标	国有企业		民营企业		外资企业（欧洲）	
	2013年	2014年	2013年	2014年	2013年	2014年
政府关系	87	91	6	5	2	1
品牌认同度	14	16	12	10	68	69
补贴/税收优惠	68	70	17	16	3	5
融资能力	71	77	16	11	6	3
定价能力	28	32	56	57	8	5
产品质量和创新能力	4	3	8	9	83	81
人才吸引力	16	18	14	16	62	56

注：表中数值为552份有效问卷中认为具有优势的受访企业数占有效问卷总数的百分比。

资料来源：罗兰贝格管理咨询公司："中国欧盟商会商业信心调查（2014）"①。

另一种意见以大企业和国企为主，它们认为政府在监管过程中存在对大企业和小企业的非对称监管，在税收、环保、标准执

① 该项调查为2014年中国欧盟商会委托罗兰贝格管理咨询公司进行。问卷发放企业数为1487家，有效问卷552份。受访企业所属行业分布为：专业服务占24%，工业品/工业服务占40%，消费品/消费者服务占31%，其他行业占6%；企业规模结构为：营业额小于100万欧元占23%，100万～5000万欧元占43%，5000万～25000万欧元占15%，大于25000万欧元占19%；入华时间结构为：少于两年的企业占4%，2～10年的占42%，10年以上的占54%。

行等监管内容上对大企业较为严格，而对小微企业偏软偏弱，导致市场秩序混乱和竞争无序。

【案例 2】　白酒企业面临监管和政策执行上的差别化对待

根据中国酒业协会的调研，不同规模、不同所有制的白酒企业都反映自己在政府监管中受到不公正待遇。

一些大型白酒企业认为，在生产准入、税负及税收征缴、产业政策执行、环保及质量检测等方面，监管部门明显有“抓大放小”的倾向，对规模化酒企监管从高从严，对无许可证从事经营的小酒企和小作坊则弱化监管甚至不管。例如，目前全国有白酒生产企业 1.8 万余家，但生产许可证仅有 7800 张，很多企业缴纳很少的税收甚至偷逃税款，很多企业达不到准入规模进行无证生产，但地方对这些企业监管明显不力。

而一些中小酒企反映，大企业在融资、人才、扶持政策等方面获取和占用了更多资源，可以享受政府的各项支持，但小企业则得不到，在竞争上处于不平等地位。

资料来源：中国酒业协会。

监管不平等、不透明，已经成为构建全国统一市场的重大障碍，严重损害了现代市场经济的根基。一方面，地方政府经常为了帮助本地企业或关联企业，往往变相放松监管和降低监管标准；另一方面，各地区的监管实施标准差异较大。在实施国家政策和监管措施的过程中，各地之间在政策理解、执行尺度方面存在较大差距，使得企业在开展跨地域经营、开展全国性业务时面临较大的经营困扰。例如，在公路运输、异地通关等方面，外地企业经常面临多次查验、重复执法等问题。

（三）通过提供财税优惠变相实施地方保护

近年来，为推动本地经济发展，不少地方政府针对特定企业及投资者等出台了一系列财税优惠政策，形成了相互攀比、过多过滥的现象，扰乱了公平竞争的市场环境。

第一，自行制定税收优惠政策。为争夺资源和投资，许多地方政府突破地方税收管理权限，采取降低一般纳税人认定条件、对上缴地方税收按一定比例返还、给特定行业或较大项目若干年免征企业所得税等优惠措施。第二，在非税收入缴纳方面给予缓减免优惠。一些地方政府违规减免或缓征行政事业性收费和政府性基金，以优惠价格或零地价出让土地，低价转让国有资产、国有企业股权以及矿产等国有资源，减免或缓征企业应当承担的社会保险缴费。第三，实施财政支出优惠。不少地方政府制定了对企业及其投资者（管理者）缴纳税收或非税收入挂钩的财政支出优惠政策，包括列收列支、财政奖励或补贴、以代缴或给予补贴等形式减免土地出让金等。

地方政府通过实施财税优惠政策，为本地企业或投资本地的特定企业提供支持，降低了企业的开办或经营成本，确实对促进地方投资增长和产业集聚起到了重要作用，但从全国看，变相财税优惠制造政策“洼地”，不利于维护国家税政的统一性，严重影响了市场公平竞争的环境，甚至可能引发贸易摩擦和争端。

【案例3】　地方政府对光伏行业的财税优惠及由此诱发的国际贸易摩擦

近年来，我国光伏产业从无到有，在地方政府扶持下快速发展，产能迅速占到全球的70%以上。为吸引有实力的光伏企业到本地投资，一些地方政府不遗余力。例如，中部地区某城市政府给予某光伏企业的财政补贴远超过项目用地土地款，用地几乎相当于“零地价”。根据该企业2011年年报，企业规划建设年产1000MW光伏系统及组件，总投资达80亿元，建设期为5年，分三期建设。当地政府将向企业分两期提供项目工业用地不少于1600亩、财政补贴款5亿元以及按产品每销售1W补贴1.4元不超过14亿元的补贴等优惠政策。

随着发达国家特别是欧洲市场需求的下降，我国光伏企业的处境较为艰难，巨大产能难以消化，只能竞相降价争抢市场。企业也倾向于寻求政府更为直接的补贴政策和信贷支持，以期利用政策红利渡过难关，进一步增加了低效经营、依赖政府、等靠政策、只重短利的惯性。另外，一些地方政府出台财税优惠政策的相关文件甚至落到国外公司手上，引发外国的反倾销、反补贴调查。例如，美国商务部发起两次对华光伏“双反”调查，印度商务部也援引美国、欧盟的调查证据，将我国对光伏产业的税收优惠视为政府干预行为等。

资料来源：作者根据公开资料整理而成。

（四）政府采购中的地方保护倾向明显

通过政府采购达到地方保护目的的做法比较普遍。首先，限定政府采购商品和服务的地域范围。自2003年《政府采购法》实施以来，在规范政府采购市场、提高财政资金使用效率等方面发挥了重要作用，但在实践中，部分条款并没有落到实处，甚至于被曲解。例如，《政府采购法》中明确规定了“国货原则”，即政府采购原则上“应当采购本国货物、工程和服务”，其目的是为了促进国内商品和服务的发展。但在不少地方政府采购中，这一原则被扭曲为“优先采购本地货”甚至是“只采购本地货”。这种地方保护主义的行为，短期来看维护了本地的经济利益，但却破坏了公平竞争的市场环境，有损于国家的长远发展。

【案例4】　　政府公车采购中的地方保护现象

我国一些地方政府在汽车采购中，或明或暗地保护本地汽车企业。

2011年，沈阳市政府下发的《关于加快汽车产业发展的意见》

（沈政发［2011］48号）中提出，将符合条件的沈阳市地产汽车纳入市政府采购目录，市属各级机关、国有企事业单位在更新公务用车时，优先采购地产汽车。同时在《意见》中还提到，沈阳的客运公司、出租汽车公司新增或更新车辆时，原则上应优先采购地产车辆。对采购地产车辆的单位或个人，如在购车和经营过程中有财政补贴的，将优先予以安排。

2012年，广州市财政局发布的《市属行政事业单位公务用车预算编制及购置工作有关说明》中规定，当年淘汰更新或新增购置1辆小轿车的单位，指定选购广汽“传祺”轿车；淘汰更新或新增购置小轿车2辆以上的单位，选购广汽“传祺”轿车比例不得少于60%。《说明》中提及的9款车型均为本市生产车型。

2013年，郑州市政府下发的《关于支持郑州市汽车产业发展的若干意见》（郑政［2013］5号）中提出，全市各级党政机关、事业单位、社会团体以及国有企业购置配备新车的，在同等条件下优先购买市产汽车产品；对购买本地产汽车作为本市出租车的用户，市财政给予每辆2000元的补贴；对全市汽车报废后更新购买本地产汽车的，市财政给予每辆1000元的补贴。

资料来源：作者根据公开资料整理而成。

其次，限定政府采购的供应商或是人为地设置市场进入壁垒。依照《政府采购法》的规定，任何单位和个人不得采用任何方式，阻挠和限制供应商自由进入本地区和本行业的政府采购市场。采购人可以根据采购项目的特殊要求，规定供应商的特定条件，但不得以不合理的条件对供应商实行差别待遇或者歧视待遇。但在实际操作过程中，个别政府部门出于利益考虑，往往人为地设置市场进入壁垒，为特定的供应商创造有利条件。一种惯常做法是，在标书中设置特殊条件或为企业量身打造标书，借此来排除竞争对手而让内定企业中标。例如，招标公告和招标文件通常会规定投标供应商的一般条件和特殊要求，除了符合《政府采购法》所规定的资格，还需要具备本次采购项目的特定条件，如“凡对某市政府采购市场有兴趣的，参与供应商必须在本市境内拥有固定的经营场所，并且必须具备本次采购项目所在地区三年以内的纳税证明以及交纳社会保险等各项费用的证明”。否则，在供应商资格审查时将会遭到拒绝或者在综合评审时会被扣减相应的分数从而导致招标失败。

再次，政府采购信息发布不规范、渠道不畅。随着我国政府采购事业的发展，政府采购信息发布制度已初步形成，并发挥着日益重要的作用，但是信息发布的透明度和公正性还有很大缺陷，很大程度上影响了全国统一市场的建设和发展。例如，有的地区通过了地方性的政府采购政策法规，按规定应该在全国范围内发布，便于社会监督和供应商了解，但地方政府采购监督管理部门却只在本地区发布。另外，一些地方政府采购不是在指定媒体上公开发布相关信息，而是在本地区媒体上发布信息，且信息发布有效期限短，不利于其他地区企业参与投标竞争。

（五）利用地方法规、规章及标准保护本地市场和利益

到目前为止，地方行政性垄断问题仍然突出。“行政垄断”是指行政部门设立的垄断，即由某个行政部门引用法律法规或通过行政文件授予经营主体——企业或兼有营利性活动的行政机构的垄断性权力，主要表现为进入壁垒的设置和对价格的管制获得特殊的便利与优势。行政垄断和自然垄断在概念上有区别。自然垄断主要是指由于资源条件的分布集中而无法竞争或不适宜竞争所形成的垄断[①]。自然垄断有严格的判定条件，由立法赋权并且需要动态调整，而行政垄断既可以覆盖自然垄断，也可以覆盖准竞争甚至完全竞争领域。如果有意混淆自然垄断与行政垄断，就会增强行政垄断的“合理性”和“合法性”。

行政垄断权的获取主要有两种方式。一是通过立法获得垄断地位。在国企经理人由组织部门任命、与官员身份时常互换的体制下，国有企业具有更强的影响力。二是通过将竞争性和非竞争性业务打包实现。即使在有自然垄断属性的领域，行政垄断企业往往借助法律模糊条款，将竞争性业务和非竞争性业务打包，达

---

① 传统意义上的自然垄断与规模经济相联系，即当一个企业能以低于两个或者更多的企业的成本为整个市场供给一种物品或者劳务，就适用自然垄断。20世纪80年代，夏基、鲍莫尔、潘泽与威利格等美国经济学家认为，即使规模经济不存在，或即使平均成本上升，但只要单一企业供应整个市场的成本小于多个企业分别生产的成本之和，由单个企业垄断市场的社会成本最小，该行业就仍然是自然垄断行业。这种自然垄断的成本弱可加性或劣加性，也成为现代自然垄断的理论基础。

到限制竞争、独占市场、利益输送和交叉补贴的目的。

近年来地方性行政垄断的增强，对于全国统一市场建设的负面影响日益显现。而且在资质认定、业务许可或特许经营以及各种认证方面，操作方式和实现途径更加隐蔽和多样化。在资质认定、业务许可和公开招标等方面，借助模糊条款、订制条款和不透明的评标，给予本地企业、关联企业更多业务和优惠。尽管程序上做到公开，但公正和透明却远未实现。在认证方面，或明或暗指定认证机构或利益相关企业，由此引发的强制认证、重复认证不仅大大增加了企业的生产经营成本，同时也滋生各种腐败行为。总之，地方性行政垄断已严重影响到企业跨区域拓展业务和市场化配置资源。

【案例5】　某地对旅游市场和经营实施垄断

某西南地区知名旅游景点所在地政府及当地旅游局规定，以该地旅游协会信息平台为中心，旅行社所有团队必须制作行程单。该协会《自律公约》中具体规定，按人头收取7元钱，只有打印行程单并录入系统信息的团队才是正规的团队，不制作行程单的团队都得不到优惠政策。同时，要求会员单位“每月提取人民币60万元捐赠给旅游协会信息中心作为行业市场维护费用”。在该地具有旅游服务资质的客车，只有当地旅游客运汽车有限公司的458辆车和另一家小旅游汽车有限公司的约20辆车。该旅游协会副会长、旅游汽车运输协会会长、该地旅游客运汽车有限公司的负责人由同一人担任。

该地旅游协会是一个非营利性机构，主管单位是民政局，旅游局是业务指导单位。早在 2013 年 4 月 7 日，国家工商总局就将该旅游协会、旅行社协会两个组织定性为垄断经营，并分别处以 40 万元的罚款和责令整改。

资料来源：作者根据相关新闻报道整理。

在标准体系方面，现行的国家标准、地方标准、行业标准较为混乱，特别是地方标准之间的差异、地方标准与国家标准存在矛盾甚至冲突等问题时有发生。这不仅导致企业开拓市场面临困难，也使地方标准成为保护地方市场和企业的新手段，加剧了市场分割。

【案例 6】　　某报刊与某矿泉水企业的地方标准之争

2013 年 4 月，北京市某报刊持续 28 天以连续 67 个版面、76 篇报道，称某品牌矿泉水桶装水产品“标准不如自来水”。此后北京市质监局介入调查，并责令该品牌产品因不合标准必须停产。该品牌企业宣布退出北京市场并提起诉讼，该报刊也提起反诉。双方争论的焦点，实质上是不同地区的标准之争。北京市某报告认为该品牌产品采用浙江省地方标准，而在某些重金属指标方面，该省标准低于国家强制性《生活饮用水标准》，并违反《国家食品安全法》。而该矿泉水企业则宣称，之所以标注浙江省标准，是因为该标准是行政级别最高的标准，而北京某报刊蓄意策划，连篇累牍的报道，是因其与一家北京水企有利益关联。该矿泉水企业因此次事件造成的市场损失达到6000万元，双方的诉讼标的额达到2亿元。此次媒体与企业之间的诉讼纠纷，其表象是不同企业之间的利益博弈，实际上凸显了利用地方标准的差异实施市场保护的问题。

资料来源：作者根据相关新闻报道整理，内容引用不同媒体报道中相同表述部分。

（六）通过出台地方性消费政策强化市场保护

近年来，国家日益重视运用消费和需求层面的政策工具，通过示范工程或消费补贴，投入大量资源促进消费和新产品产业化。这尽管取得了一定成绩，但由于国家对补贴或支持的对象、方式和操作流程只有一些原则规定且需要地方政府提供同样或更多配套资金，给地方政府实施相关政策提供了较大的操作空间，它们往往将补贴或支持政策给予本地企业或有利益关联的企业。这不仅背离了政策制定初衷，更影响全国统一市场体系的构建。

除补贴外，其他消费政策也存在一些地方保护倾向。例如目前在我国的二手车交易中，跨区域流通比例达到了20%左右，北京等大城市达到50%以上。但一些城市在外地二手车迁入方面制定差别化、不公平的限制性政策，以保护本地二手车及新车市场。

随着地方保护的目的逐步从保护资源转向保护市场，消费政策也日益成为地方政府构筑市场壁垒的新工具。

【案例7】　新能源汽车补贴政策中的地方保护行为

近年来，中央和地方政府在推广新能源汽车方面投入大量资金补贴，尽管取得一定成效，但与政策预期有较大差距。其中一个重要的原因，是由于补贴发放过程中存在突出的地方保护，导致政策效果大打折扣。

“十城千辆”示范项目

2009年1月，由科技部、财政部、发改委、工业和信息化部共同启动“十城千辆节能与新能源汽车示范推广应用工程”(简称“十城千辆”)。通过提供财政补贴，计划用3年左右的时间，每年发展10个城市，每个城市推出1000辆新能源汽车开展示范运行，涉及公交、出租、公务、市政、邮政等领域。对10米以上城市公交客车、锂离子电池混合动力汽车最高补贴42万元/辆；纯电动汽车和燃料电池汽车补贴标准分别为50万元/辆和60万元/辆。

“十城千辆”示范运行项目相继在全国25个城市公交领域展开并取得了一定成果，但在采购环节存在较为突出的地方保护行为，大部分城市特别是具备汽车制造能力的城市，采购程序不公正、不透明、不开放；在采购过程中均倾向于购买使用本地产品，对其他省市性能较好的整车及关键部件采取排斥甚至封锁的做法。很多城市不具备生产和研发新能源汽车的能力和实力，但凭借进口外国公司的关键核心部件，通过组装新能源汽车获取国家补贴。

私人消费补贴

2010年6月，财政部、科技部、工业和信息化部、国家发展改革委联合出台《私人购买新能源汽车试点财政补助资金管理暂行办法》，确定在上海、长春、深圳、杭州、合肥5个城市启动私人购买新能源汽车补贴试点。对于插电式混合动力汽车和纯电动汽车每辆分别补贴5万元和6万元，加上地方政府配套补贴，北京、深圳等城市纯电动汽车每辆补贴总额高达12万元。

但私人购买新能源汽车的补贴办法规定补贴对象是新能源汽车的整车生产企业，如果要购买外地新能源汽车，在发放补贴和上牌方面存在很多障碍，甚至有城市明确规定了补贴车型和产地。例如，某直辖市在《××市购买新能源汽车财政补贴实施办法及流程（试行）》中明确规定××市民购买××汽车（厂商）生产的混合动力车，补贴3.6万元/辆。某省会城市《关于扶持电动汽车产业发展的意见》明确购买本地产电动汽车，将获得0.4万~60万元不等的财政补贴；同时还规定在政府公务及城市公共领域使用电动汽车，在同等条件下优先采购本地产电动汽车。

资料来源：作者根据各地相关文件整理。

二、导致问题和障碍的主要成因

从20世纪90年代开始，国家先后采取了一系列措施，对市场分割和地方保护进行整治和治理。虽然起到了一定的作用，但并没有触及地方保护、市场分割形成的真正根源，即由于行政分权和地方政府所承担事权与财权的不匹配，以及行政体制、法律制度等方面的体制机制改革滞后，不仅缺少合理平衡地方政府保护本地市场和资源的利益诉求的政策手段，而且也缺乏对地方政府运用行政和司法权力破坏统一市场的行为的有效约束。

（一）现行的财税制度引发地方之间对利益的争夺

1994年的分税制改革，在当时的情况下，对于强化中央政府的财政权力，平衡各地区财力，促进区域经济协调发展发挥了积极作用，但也不可避免地强化了各地区对自身利益的保护。随着经济的发展和全国统一市场建设的进展，整个市场环境与20世纪90年代发生了较大变化，但财税体制改革未能及时跟进，地方财权与事权不匹配的问题日趋严重。在事权责任不断加大，而中央转移支付不足的情况下，地方产生了强烈地增加投资、通过保护本地市场和企业以增加税源的冲动，进一步强化了地方之间对利益的争夺，进而成为市场分割和地方保护的重要推动因素。

同时，现行财税体制还存在一些弊端，导致地方保护行为更加强化。一是税收政策的法律约束不强。我国现行18个税种中，只有3个具有实体税收法律，而其他诸如增值税、营业税、消费税等重要税种，都是由国务院制定暂行条例开征的。还有大量的税收优惠政策主要是由国务院的相关文件确定。法律约束力不强，导致地方政府能够出台财政优惠政策或变相减免税费，影响了市场竞争的公平性。二是政府预算软约束。对包括土地出让、税收在内的财政收入、支出方向及优惠政策的实施效果，缺乏必要的、公开透明的预算审议和审计评估制度，地方人大及社会监督也有待加强。在财政预算软约束且财政资金支出管理不规范等情况下，使地方政府可以较为随意地进行大规模投资和设立各种名目的财税优惠政策。

（二）政府职能转变不到位使地方保护政策得以实施

近年来，我国在政府职能转变方面取得了明显进展，但政府及其部门仍然管了许多不该管、管不了也管不好的事务，存在“越位、缺位、错位”的问题。

一方面，地方政府和部门直接配置资源的范围过大、权力过强，对微观经济主体的干预较多。这种情况导致地方政府有能力在当地实施地方保护和市场分割，不仅影响了市场配置资源决定性作用的充分发挥，而且还干扰了全国统一市场的建设和发展。

另一方面，在行政审批制度改革持续推进的过程中，各地方政府对行政审批的范围界定、统计标准不统一，造成各地保留的行政审批事项差别较大。在趋利动机的支配下，客观上强化了地方政府作为不同利益主体间的竞争关系，很大程度上影响了市场主体的跨区域发展。

再一方面，政府公共服务供给仍然不足，质量和效率不高，特别是市场监管职能较为薄弱、缺乏统一性，社会治理方式相对落后，不利于全国统一市场的发展。

（三）现行的地方政绩考核机制加剧了地方保护行为

地方政府政绩考核作为干部升迁、降级等奖惩的主要依据，对地方政府施政行为产生很大影响。长期以来，地方政府的政绩考核指标主要是围绕着 GDP 增速、投资和税收等偏重反映经济规模和增长速度的指标，这种单一的激励方式造成地方官员将发展的主要精力和资源投入集中在 GDP 增长方面，对于能够促进地方经济发展、符合地方利益的企业和项目实施不同程度的保护，而对来自其他地区的产品和服务则采取歧视性政策，形成了市场分割和地方保护。

（四）法律体系建设滞后以及立法司法体系不完善加剧了市场分割和地方保护

由于一些领域立法建设存在不足或缺陷，在建立统一开放、竞争有序市场体系进程中，既导致地方理解不同而监管制度的不一致，同时在依法监管、合规监管方面的执法依据不足。法律体系的不足和缺陷，也成为地方保护和市场分割的重要原因。

第一，立法空白、调整滞后和条款瑕疵并存。在某些新兴领域尚存在立法空白，政府监管缺乏法律依据以及执法手段，各地监管制度和执法标准有所差异。例如，由于缺乏商业网点建设的相关法规，使城市商业设施重复建设、低水平竞争情况突出，带有公益性质的商业设施发展严重滞后于城市化发展要求，也造成主管部门在处理相关问题时缺乏执法依据。

部分法律法规已明显不适应经济发展要求，甚至有很多已制定10年、20年甚至更早的法律法规依然在用，亟待调整和重新修订。例如，对于民用汽车年检具体要求长期缺乏修订，导致汽车装潢、改装等后市场业务难以发展。

部分法律法规过于原则或模糊，缺乏实施细则和司法解释，执法主体由于理解不同而出现执行不一致。例如《反垄断法》第七条规定，“国有经济占控制地位的关系国民经济命脉和国家安全的行业以及依法实行专营专卖的行业，国家对其经营者的合法经营活动予以保护”。对于控制地位、经济命脉、国家安全等概念缺乏明确解释，导致大量行政垄断以此为由而产生和强化。法律法规过于原则和模糊，也导致执法者和监管者自由裁量权过大，使市场主体缺乏稳定的执法预期。2014年外资企业对于在监管方面存在的主要障碍，排名前两位的就是不确定的立法环境和执法的自由裁量权过大（见图1）。

第二，立法权力分散，部门立法普遍存在。各级行政立法过

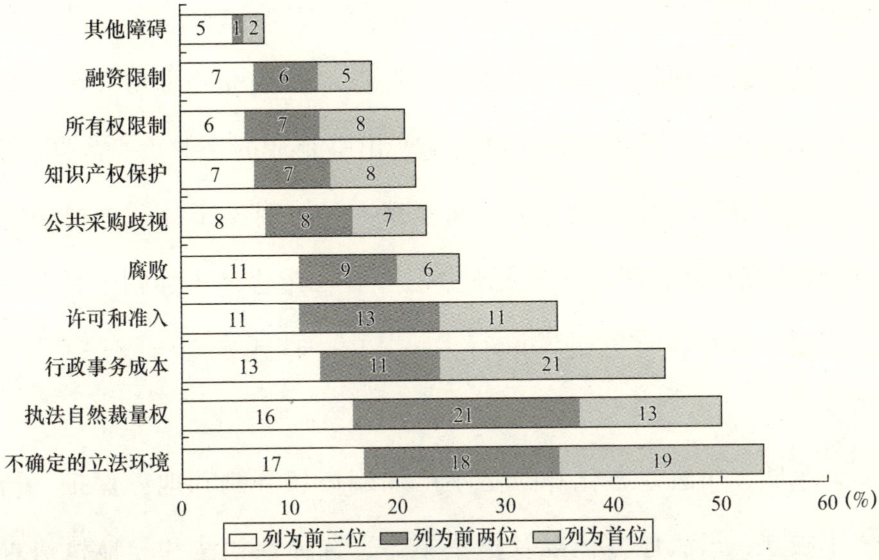

图1　中国在监管领域存在的主要问题

资料来源：罗兰贝格管理咨询公司："中国欧盟商会商业信心调查（2014）"。

多，造成部门利益固化，形成政出多门、多头监管的局面，加剧了市场分割和管理混乱。以行政垄断为例，从程序上讲，需要进行严格的立法审查和讨论，并广泛征求利益相关方的意见和建议。根据《立法法》，任何不经过全国人大审议通过的各类行政垄断规定，都是违法行为，而在实际中，很多体现排斥竞争和垄断赋权性质的部门规章和地方性法规，都没有严格按《立法法》要求和程序进行，也没有充分征求和吸取社会意见和建议。

第三，对于影响竞争和要素流动的法律法规，缺乏中央审查备案机制。地方立法权限过于宽泛，特别是在市场规则和监管方面，地方人大立法和部门规章较多，使得各地方政府可以利用地方法律进行市场分割和保护。由此导致不同部门之间、地方之间、上位法和下位法之间的法律法规条款抵触，部门监管目标不同、权责不清所引发的法律法规之间时常发生冲突。例如，《企业国有资产监督管理暂行条例》第十七条规定，“国有资产监督管理机构依照有关规定，任免或者建议任免所出资企业的企业负责人”，对于不通过股东大会任免上市公司经理人员，明显违背《公司法》。再如，《汽车品牌销售管理实施办法》在一定程度上加剧了目前汽车流通领域普遍存在的垄断行为，其中一些规定与《反垄断法》抵触。

第四，司法地方化和执法不严加剧市场分割和地方保护。司法不独立、司法地方化以及执法不力、选择性执法和异地执法难等问题，是长期以来地方保护和市场分割得以强化的重要原因。在这方面，各地方面临典型的“囚徒困境”，保护本地企业和市场成为地方政府博弈的最终选择。根据“2014 世界法治指数”相关调查结果，中国在 99 个调查国家中法治指数排名第 76 位。具体来看，除秩序和安全指标排名相对靠前（29 位）外，“对政府权力制约”“民事审判制度”和“政府透明度”等关键指标排名均在 70 位之后①。同时，在执法方面，很多已经明确实施的法律和法规难以得到足够执行。例如关于连锁企业合并纳税的问题，《中华人民共和国企业所得税法》、2002 年国办“49 号文”和 2012 年的国发“39 号文”都对连锁企业合并纳税有相关表述或明确，但在地方上却得不到切实执行。

---

① 世界正义工程（WJP）：“2014 世界法治指数”：http：//worldjusticeprojece. org/sites/default/files/。

（五）标准体系建设的规范性不足，给地方和部门保护提供了条件

合规监管和有效监管需要以完善的标准体系为支撑。我国在标准体系建设上取得明显进展，但整体而言仍然滞后于市场和监管的发展需要，导致在全国统一市场建设过程中，执法和监管缺乏足够的标准依据和技术手段。这既增加了监管的难度，同时也使一些部门和地方能够借助标准达到限制竞争和保护本地市场的目的。

第一，一些商品或服务因缺乏国家和行业标准建设滞后。对于一些新的产品和服务领域，标准制定滞后，使监管缺乏技术支撑，导致市场竞争混乱无序。例如在空气净化器市场，由于目前只有安全认证，缺乏净化效果的综合评价方法和检测标准，导致市场上普遍存在虚假指标、虚假宣传、以次充好等问题。再如低速电动车缺乏国家标准，至今仍没有“准生证”而处于自发、野蛮生长状态。大企业由于政策风险而难以加大制造研发投入，而不具备技术研发和质量控制能力的小企业、小作坊却乘虚而入，加之某些地方政府“扶持”，导致市场上低质产品泛滥，严重影响市场健康发展和消费安全，也强化了社会和监管部门对低速电动车的偏见。

第二，在标准结构方面，很多领域存在强制标准少、推荐标准多，国家标准少、地方标准多，新标准少、老标准多等结构性问题，给合规有效监管带来很大难度。以农产品流通为例，目前国

家正式发布的农产品国家标准和行业标准涉及的产品仅为20%左右，其中一些标准标龄超过10年；农产品分级及检测方法、农产品市场交易、冷链物流技术规程、卫生环保、农药残留等标准严重缺乏。此外，部分标准还存在重复和交叉等问题。这不仅阻碍农产品流通的现代化进程，而且成为食品安全事件频发的重要原因，同时也为地方政府保护本地产品和流通企业提供手段。

第三，标准重叠和标准冲突并存。一些地方制定和执行的标准不尽一致，有些地方标准甚至低于国家标准，不仅导致企业开拓市场面临困难，也使地方标准成为保护地方市场和企业的新手段，加剧市场分割。

第四，标准执行的能力和动力不足。这既有监管部门能力不足的客观原因，也有地方保护的主观原因。地方对国标执行力不够，也是近年来我国监管存在的突出问题。例如在白酒生产领域，相关理化指标和检测方法等标准已经推出，但作为推荐标准难以得到切实执行。主要是由于企业和地方政府在执行标准方面，既存在人员、技术、设备、经费等能力不足的问题，同时也存在地方政府出于保护属地企业和市场而缺乏执行标准的动力。

综上所述，由于我国社会主义市场经济体制尚不完善，消除地方保护和市场分割面临着深层体制机制的困扰。因此，必须加快推进全面深化改革和全面依法治国，破解全国统一市场建设的体制机制障碍。

专题四

全国统一市场建设的基本思路与政策建议

在现代市场经济国家，统一市场是市场机制发挥作用、经济健康稳定运行、经济社会协调发展的基础。党的十八届三中全会通过的《中共中央关于全面深化改革若干重大问题的决定》（以下简称《决定》）指出，“建设统一开放、竞争有序的市场体系，是使市场在资源配置中起决定性作用的基础”。这成为我们党对市场经济规律认识的新飞跃，也是我国加快全国统一市场建设的新开端。

一、统一市场的内涵与主要特征

（一）统一市场的内涵和主要特征

在现代市场经济条件下，统一市场是指一国（或区域、或全球）范围内，各地区商品与要素市场之间在社会分工日益深化和市场经济高度发展的基础上，形成的相互开放、相互依存、规范有序、协调一致的市场整体，成为企业自主经营、公平竞争，消费者自由选择、自主消费，商品和要素自由流动、平等交换的现代市场体系。其主要特征如下。

首先，市场的高度开放。统一市场是一个开放性的市场，不仅仅是对外开放，更主要是对内开放，即各地区市场之间相互开放，没有地域之间的封锁和限制。一国之内各地区之间的相互开放，是促进商品和要素资源能够自由地进出不同地区，实现在更大范围内流通和优化配置的基础，也是促进社会总需求与总供给实现动态平衡、国民经济各地区实现分工合作和协调发展、提高国民经济整体发展质量与效率的必要条件。

其次，市场规则统一和规范。即在全国范围内，市场的正常运行主要是由统一、一致的市场规则来维系。这是统一市场的核心与灵魂。统一的市场规则，不仅包括一系列事关市场主体及其市场交易行为的规则、标准和法律法规，也包括保障统一规则实施和对全国各地区、各类市场进行统一管理、调控的一系列规则和制度安排，如监管制度、司法体系等，以保证所有市场参与主体都要按照一致的规则行事，促进市场有序运行和高效发展。最大限度地减少各级政府对商品和要素资源等各种市场活动的干预，让市场机制在商品及要素资源配置中发挥决定性作用，

再次，市场主体公平竞争。公平竞争是市场运行的基础，是市场机制发挥作用的客观要求，也是国内市场实现内在统一、相

互分工合作的必然要求。公平竞争的市场环境，有利于激发各种市场主体经济活力和创造力，形成多样化商品和要素资源配置的方式、途径和手段，从而促进商品和要素资源在更大范围内更加合理的配置，促进不同地区按照比较优势进行分工和开展合作，从而实现市场经济运行一体化。因此，统一市场的形成，需要赋予各种所有制经济主体同等使用各种生产要素的权利，努力营造公平竞争、有序运行的市场环境。

最后，商品和要素自由流动。商品和要素在比较利益基础上具有自由流动的内在动力，自主界定其流动范围。同时包括交通、通信、信用等各种市场基础设施的发展和畅通，是商品和要素在更大空间范围内顺畅流动的必要保障。交通和通信条件的改善，促进市场范围扩张，增强不同地域市场联系的基础和硬件条件。而良好的商业氛围和市场的诚信度，也是不同市场之间相互开放、融合，市场主体之间顺利开展交易的基础和软件设施。因此，加强全社会信用体系建设，完善信用奖惩机制，是统一市场形成的重要条件。

（二）统一市场形成的主要动力与实现方式

纵观世界各国市场经济的发展历程，统一市场的形成是一个渐进的过程，与市场经济的发达程度密切关联，并主要依靠四个方面的动力或机制的推动。

一是政治推动统一市场形成。主要依靠国家或中央政府的号召、政令或强制手段，推动一国或一国之内不同地域之间的相互开放市场，如取消地区之间的关税、准入限制等。在市场经济发展的初期，政治推动往往较多采用，但一般只能促进形式上的统一，而市场主体之间、不同地区之间内在的经济联系往往难以靠这种方式实现。

二是依靠设施条件改善推动市场范围的扩大和一体化发展。包括各种交通、通信方式的变化以及相关基础设施的建设，直接推动了商品和要素资源配置范围的扩大，推动了一国之内不同地区之间以及不同国家之间按照比较优势或利益进行分工、交换，从而实现区域市场、全国市场乃至全球市场的一体化发展。

三是市场主体的内生动力和创新活力。特别是随着科学技术的进步和工业化的发展，工业化大生产形成的大规模生产需要商品与要素资源在更大范围的配置和实现大规模流通，市场主体通过产业组织的创新（纵向一体化形成大型企业）、流通组织的变革（横向一体化的连锁企业）、创新商业模式（如图册邮寄贸易、电子商务）等多种途径，扩大市场规模，促进商品与要素资源在不同地域市场之间的配置和流通，进一步密切了各地区之间的经济联系，成为促进市场一体化发展的内生动力。

四是依靠制度化和法治化的推动。在市场设施条件日益完善和不同地域市场主体之间经济联系日益紧密的条件下，商品与要素资源跨地域流通的规模不断扩大，不同地区资源禀赋的差异，市场运行规则、标准之间的差异和矛盾也日益凸显出来，不仅给市场主体在更大范围参与竞争带来障碍，也给不同地区市场发展带来巨大的利益冲突。在此背景下，按照市场经济整体发展要求，建立更为协调一致的市场规则，利用法治对地方、部门干预市场发展的利益动机和行为进行约束，促进全国市场一体化发展，保障商品和要素资源在全国范围内的合理流通和配置，各种市场主体公平竞争，就成为市场发展的核心和关键，也成为市场经济进入更高水平发展阶段的关键。

二、新阶段我国统一市场建设的推进思路

（一）对改革开放30多年来统一市场建设思路的评价

改革开放30多年来，随着经济社会不断发展和改革开放持续深化，我国在全国统一市场建设方面已取得长足发展，极大地促进了商品及人力资源、创新、资金等要素在全国范围内的流通和优化配置。值得注意的是，过去30多年来推动我国统一市场发展的主要动力，是以建立社会主义市场经济为导向的改革及其释放出来的市场力量，特别是市场发育与发展的推动，以及基础设施的加快建设和不断改善所提供的推动。

但是，伴随我国国民经济的持续快速增长和市场规模的不断扩大，我国市场体系发展也暴露出了许多问题和矛盾，特别是市场分割、地方保护等问题，已经成为影响我国统一市场形成的主要瓶颈和障碍。

面对地方保护、行政性垄断等造成的市场分割，国家从20世纪90年代就开始采取一系列措施进行整治：1990年国务院出台了《关于打破地区间市场封锁进一步搞活商品流通的通知》；1993年全国人大通过的《反不正当竞争法》规定“政府及其所属部门不得滥用行政权力，限制外地商品进入本地市场，或者本地商品流向外地市场”；2001年国务院公布了《关于禁止在市场经济活动中实行地区封锁的规定》；2008年全国人大通过的《中华人民共和国反垄断法》规定行政机关和相关组织不得“妨碍商品在地区之间的自由流通”“排斥或者限制外地经营者参加本地的招标投标活动”“排斥或者限制外地经营者在本地投资或者设立分支机构”；2010年国务院出台的《关于加强法治政府建设的意见》明确“坚决克服政府立法过程中的部门利益和地方保护主义倾向”。此外，中央还通过成立检查组、整理整顿办公室等方式检查和治理地方保护行为。

上述政策与法律措施，虽然对地方保护主义起到一定的震慑和纠正作用，但并没有触及地方保护、市场分割形成的根源，即由于财政分权和地方政府所承担的发展地方经济的责任使地方政府有保护本地市场和资源的动机，而地方政府所拥有的行政权力和司法手段又使其具备了将这种动机变为现实的条件。可见，我国尚未形成适应统一市场形成和发展要求的制度安排与相应的法治体系，依靠制度化、法制化推动统一市场建设的动力和保障远未形成。

因此，在我国经济社会发展进入转型阶段的背景下，我国在统一市场建设中需要有新的推进思路。

（二）统一市场建设需要正确处理的关系

在我国经济社会发展进入新时期，经济增长动力转换的背景下，应按照市场体系发展的客观规律和完善我国社会主义市场经济体制的要求，在统一市场建设的推进和完善过程中，需要把握和处理好以下几个关系。

一是处理好政府和市场的关系。加快统一市场建设，核心问题是处理好政府和市场的关系，这也在很大程度上决定着统一市场建设的成效。处理好政府与市场的关系，就需要更清晰地明确政府和市场的角色定位。就政府职能而言，目前仍然存在对微观经济活动干预过多的问题。这种资源配置方式不仅缺乏科学性，而且造成行政成本过高、效率低下、资源浪费和腐败等问题。处理好政府和市场的关系，就是要明确界定政府与市场的职能，最大限度地减少政府对商品及资源配置的干预和对企业经营活动的干预，最大限度地缩小投资项目审批、核准、备案的范围，最大可能地减少对各类机构及其活动的认定，让市场在资源配置中发挥决定性作用。凡是市场有能力做好的事情，就交给市场去做，政府的职责和作用主要是保持宏观经济稳定，加强和优化公共服务，保障公平竞争，加强市场监管，维护市场秩序，推动可持续发展，促进共同富裕，弥补市场失灵。

二是正确处理中央政府与地方政府的关系。统一市场的形成，关键是要地方保护对市场的分割。一方面，需要在市场规则制定和调控方面更多地发挥中央政府的作用，在市场准入、监管等方面形成全国一致的规则与规范，减少地方政府领域规则和制度强化地方保护与地方利益，在更大程度上实现市场的一致性；另一方面，也需要更好地调动地方促进市场经济发展的积极性，发挥其在市场监管、提供公共服务等方面的作用，规范引导、激励地方经济发展的手段和方式，更好地促进各地市场之间的公平竞争和竞相发展。

三是正确处理好规范与创新的关系。统一市场建设既需要依靠制度化、法制化的方式进行规范和约束，也需要依靠市场自身的发展动力来推动。特别是在科学技术快速发展和全球经济一体化的时代，市场主体在组织、技术、方式等方面的创新，将进一步打破传统商品与要素流通的边界，形成更具效率的流通方式和手段，实现更大范围内商品与要素资源的合理配置，进一步促进各地区乃至各国之间的市场融合和一体化发展。在这样市场创新的进程中，也必然会与传统市场制度、规则及管理方式发生冲突和矛盾，更加需要加快制度规则的调整，更加有效地运用法制的力量约束那些影响市场创新、竞争的行为，为市场发展和创新提供更加规范的制度和法律保障。

（三）推进和完善统一市场建设的基本思路

新时期我国建设统一市场的思路是，按照全面深化改革和依法治国的要求，加强全国统一市场管理体系、法律体系的改革创新，加快完善基础设施和促进市场发展创新，让市场机制发挥配置商品和要素的决定性作用，在全国范围内，形成企业自主经营、平等竞争，消费者自由选择、自主消费，商品和要素自由流动与平等交换的市场环境。具体的推进思路和路径如下。

以市场配置资源为主导，加快转变政府职能，大规模减少政府审批，放宽市场准入限制，减少各级政府干预市场和配置资源的行政权力，让市场主体获得公平准入和竞争的机会，让市场机制促进商品和要素优化配置。

以全面深化改革为动力，加快建立全国统一市场的制度安排，促进中央与地方事权财权调整和合理匹配，全面深化财税体制改革，完善地方政府考核机制，削弱地方利益争夺和地方保护的经济动因。

以全面依法治国为保障，加快建立和完善统一、规范的市场经济法律体系，在不同地域市场之间经济联系日益紧密的条件下，按照市场经济法治化要求，建立更为协调一致的市场规则，对地方、部门干预市场的动机和行为进行约束，有效地促进全国市场的一体化发展。

以加快市场创新为引领，多途径、大范围、深层次地促进市场组织、流通方式、商业模式的变革和创新，实现商品在更大范围内流通和资源跨地域优化配置，加快形成强大集聚辐射能力和多样化服务功能的现代市场体系，为全国统一市场建设提供强大的内生动力和创新活力。

以完善基础设施为支撑，加快建设高水平、现代化的基础设施和信用体系，进一步促进全国大市场、大流通、大贸易格局的形成，促进商品和要素在更大范围内顺畅自由地流动，降低流通成本，提高运行效率。

三、加快统一市场建设的政策建议

（一）放开市场准入，加快形成公平统一的市场准入规则

尽快在全国推行负面清单管理模式，促进行政审批和许可制度改革。在落实工商登记制度改革、推广“先证后照”的基础上，全面清理和取消各部门对各领域经营许可和资质的行政审批；对涉及安全、环保等方面确需保留的审批项目和行政许可，应明确审批程序、流程、条件和时限，形成公开、透明、高效的审批制度。对有较强技术性、安全性要求的资质资格审核，可转由行业协会和具有认证认可资质的机构受理。

统一准入标准，允许各类证照全国通用。加强工商登记及相关管理部门电子政务系统建设和加快全国联网，尽快建立覆盖全国的“证照互认制度”，企业总部统一申请获得的资质和营运许可，允许分支机构异地备案后使用，允许分支机构及营业场所免予办理营业执照。

（二）转变监管方式，提升监管效率和促进有序竞争

统一监管标准，促进监管与执法分离。尽快清理各地、各部门的各类监管执法标准，建立全国统一的监管执法标准，促进各地、各部门监管执法部门之间信息共享和联合执法，避免多头执法、重复监管和一事多罚。与此同时，探索监管与执法分离，监管机构负责日常监督检查、发现和认定违法违规事实，具体处罚则交由专门的仲裁机构或法院负责，减少监管执法人员的自由裁量权。

加强事中事后监管。鼓励各级、各类监管部门尽快建立监管信息记录制度和违法违规企业黑名单制度，对守法合规经营企业减少年检，对进入黑名单企业则加重检查和日常监督，并通过取消经营资质、经营者禁入等措施，加大对违法违规企业的处罚。

建立社会化监管机制。充分发挥行业协会、征信机构、保险金融等中介服务组织的作用，在资质检查、标准实施、经营行为记录、信用评估等方面发挥社会监督作用，并利用保险费率、贷款利率、对标评估、信用评价等经济杠杆和行业自律手段，促进企业自觉规范经营行为，加快形成规范有序的市场竞争格局。

（三）改革标准制度，强化标准支撑

改革标准体系。一方面强化国家标准的约束性，将基础性、通用性和安全性标准上升为国家标准，以法律法规形式颁布和强制实施，增强国家标准的约束力；另一方面，对于操作性、规程性

和事实性标准，则以行业标准、群体标准形式进行推广和实施；除具有产地特色的农产品之外，不再设立地方标准，促进全国标准的统一和规范。

创新标准形成机制。进一步提升国家标准委员会在制定国家标准方面的主导作用，各部门制定的国家标准，应由国家标准委负责审定和监督，以确保国家标准的统一和协调。加快形成以行业协会为主导、企业为主体、相关研究机构共同参与的研究和制定机制，在企业最佳实践的基础上加快完善各类行业标准或群体标准。

强化标准监督和实施。除国家标准按照相关法律法规依法实施和监督外，重点是发挥行业协会在标准实施过程中的监督作用和大型企业的龙头带动作用，通过宣传引导、对标评估、最佳实践示范等途径，促进企业运用各类标准，提高我国各类产业的标准化水平。

（四）完善法律体系，形成有效的约束机制

在宪法层面，结合《宪法》相关修改工作，在《宪法》中明确以下原则：一是国家严禁各种形式的地方保护，维护全国统一市场；二是明确全国人大及其常委会拥有对跨地区贸易活动的立法权。

在主要市场经济法律方面，针对当前地方保护隐蔽性强的特点，在制定《反垄断法》《行政许可法》等规范市场主体和政府行

为的法律及其他法规时，对地方保护的形式做出尽可能具体的法律界定，并制定严厉的惩处条款。

建立对地方立法的审查制度。尽快完善《立法法》《行政诉讼法》和《规章制定程序条例》等相关法规，在全国人大、国务院法制办、司法部等国家层面，建立对地方立法的备案审查制度，对地方立法不符合国家层面立法和程序的行为进行审查，并建立相应的司法、行政等纠正机制。

（五）建立统一执法机构，强化统一市场执法

建立统一市场的执法机构。为解决地方保护主义及相关行政行为对企业、个人合法权益的侵犯，应在国家层面建立统一市场的执法机构，为自然人、法人或者其他组织提供有效的司法救济渠道。其主要职能包括：制定防止地区封锁、促进市场统一的行政法规；对地方政府立法和执法过程中有违市场统一性的行为进行监督、协调和行政处罚；接受有关当事人对市场歧视的投诉，对跨地区贸易纠纷进行行政仲裁等。

树立执法机构的权威性。为保证该机构的有效性和权威性，可将现在分散于不同部门的执法职能合并，形成统一、权威的机构，设置在商务部或国家发改委等部门，但其主要负责人应当由国务院领导兼任。

建立跨区域、垂直性的执法体系。大区设立分支机构，负责对地方保护问题的监督和行政执法，以及对跨地区贸易纠纷的行

政仲裁等。在地方层次设立直属中央政府的司法体系，负责对跨地区贸易纠纷的司法裁决。为保证其司法过程的公正性，其在党、政、财等方面必须与地方政府彻底脱钩。

（六）清理现有法律和相关政策文件

认真梳理已有的法律法规，对其中明显不符合市场经济原则的规定，尽快根据情况的变化做出调整、修改或撤销。对地方政府制定的有悖市场统一、妨碍公平竞争的法律、法规和有关政策等，也要责成有关政府进行认真清理并且及时撤销。

（七）深化财税体制改革，促进事权财权合理匹配

从长期来看，省一级政府财政收入可以更多地依靠增值税、所得税分成以及资源税等，城市政府收入应更多地依靠房地产税等财产税。在此基础上，赋予地方人大在地方税种方面的立法权，由地方人大决定地方税的具体税种、税率等。

调整现有主要税种地方占比。例如，将增值税地方分享比例提高25个百分点（到50%），这可增加地方政府收入约9500亿元，适当增加地方财力。

加快转移支付改革。严格界定引导类、救济类和应急类专项转移支付，将取消的部分专项转移支付和历史遗留的基数返还纳入一般性转移支付，争取将一般性转移支付占全部转移支付的比重提高到2/3以上。在一般性转移支付的公式设计中，参考国际经

验，以促进地方的基本公共服务均等化为目标，客观反映地方自主财力，避免人为因素的干扰，提高透明度。

（八）加快完善基础设施建设，构筑促进商品与要素流动的便捷通道

在现代市场经济中，发达的交通以及通信信息网络为商品流通、要素流动提供了物质基础，是建设统一市场的物质技术条件。要加快建设以大中城市、商品集散地、交通枢纽为中心，连接陆路、水路和空运等交通和通信网络，形成全国四通八达的交通和通信体系，以促进商品和各种要素在全国范围自由流动和充分竞争。继续加大投入，加快建设高速铁路、高速公路等现代交通运输基础设施网络建设，围绕机场、港口、铁路枢纽等大型运输枢纽、物流园区，加强多种交通运输基础设施互联互通，着力解决多式联运“最后一公里”对接问题；加强物流装备、操作规范等方面的对接统一和集成创新，逐步实现多种运输方式一体化、联动发展的新格局，提高综合交通运输体系发展水平。

（九）加强社会征信体系建设，夯实现代市场体系建设基础

尽快推进社会信用体系立法建设。在相关法规修订过程中主动嵌入信用信息记录、共享、查询，信用信息和信用产品使用，以及激励守信、惩戒失信等方面的内容。贯彻落实各项法律、法规、规章中对信用建设的相关要求，对商品、要素等市场的信用信息归集与使用做出相应的制度性安排。

加强公共信用信息服务平台建设。进一步加强各级各类公共信用信息平台建设，不断完善各级信用平台服务功能，优化服务模式，推动自然人、法人信用信息的跨领域、跨部门共享和应用。在规范化的基础上，进一步深化信用信息的记录和归集工作，拓展数据归集范围，增强信息归集的有效性和指向性。围绕商品和要素市场，建设和完善相关行业或领域的专业性信息共享平台，不断拓展各类交易平台中有关市场主体登记类、监管类、判决类、执行类、违约类信息记录的广度和深度，并逐步实现与信用平台的信息共享与交换。

推进信用手段在重点领域的应用。在商品市场体系，开展对大宗商品交易市场主体的信用核查，积极推动第三方支付、移动支付、大宗商品网络交易平台、供应链管理等领域的信用手段创新。在要素市场体系，针对金融市场、人力资源市场、土地市场、技术市场、产权市场的关键环节，推广使用信用产品，并形成配套的信用奖惩制度。在专业服务市场体系，着力推进从业人员的信用监管，强化已有从业人员信息平台（如公证、律师行业的从业信息公示），深化平台记录信息的广度和深度，并推动平台信息与市信用平台的互联互通。

（十）加快现代市场体系发展与创新，进一步提高商品与要素资源的流通和配置效率

促进现代大型流通主体发展。重点促进流通企业上市、并购、

重组及联合，逐步形成一大批具有现代治理结构、核心竞争能力的大型流通企业，成为我国统一市场发展的龙头和参与全国乃至全球竞争的主力。

创新市场交易模式，利用信息技术打破市场壁垒。大力发展电商平台，促进商品和服务消费，加大政府支持力度，促进电子商务与传统流通产业、制造企业及现代服务业的融合发展。积极支持跨境贸易电子商务模式发展。

建设“升级版”商品交易市场体系。借助现代信息技术，全面整合产业链，推动传统商品市场向金融、物流和资讯相配套，商品、要素和服务更为融合的“升级版”市场转型。建设“升级版”商品交易市场。加快探索搭建大宗商品现货国际交易平台，促进内外贸一体化发展。

鼓励新模式、新业态发展，促进传统商贸模式升级转型。抓住互联网经济发展新机遇，聚焦大数据应用、移动互联网、互联网金融等新业态、新模式，推出一批模式新、潜力大的创新企业，引导传统商贸企业向供应链管理转型。

培育要素自由流动、高效配置的要素市场体系。建设多层次、多功能金融市场体系。积极推动金融市场协调发展，进一步拓展市场的广度和深度，着力推动金融产品创新，促进资金在各市场之间有序流动，提高市场联动性和效率，增强金融市场功能，提升辐射力和资源配置能力。建立公开公正、城乡统一的土地市场。稳妥推进农村土地市场化改革，完善土地交易机制，建立公开公平、城乡统一的土地市场。建立网络化、国际化的技术交易市场。整合技术交易资源，拓展技术交易的广度和深度，构建覆盖各领域各行业、功能完备、信息共享的技术交易网络，逐步实现全球性市场功能。建设业态齐备、服务创新的人力资源市场。推动人力资源服务领域的技术创新、产品创新，提升行业国际化水平，形成有效率、有活力、有竞争力的运行机制。培育资源自由流通的文化要素市场。努力破除阻碍文化要素自由流通的障碍，构建文化要素流通平台，扩大文化市场的资源配置能力，促进文化要素的自由流通。

（十一）完善政绩考核体系，建立统一市场的评价体系

在逐步取消对地方政府 GDP 考核、加强对地方政府公共服务水平考核的基础上，借鉴欧盟经验，建立统一市场建设的评价机制和发布机制，并将此项工作纳入对地方政府绩效考核体系。鼓励企业和公众举报市场分割和地方保护、行业垄断行为，畅通举报投诉渠道。

（十二）区域战略注重先行先试，加强创新示范

在“一带一路”、京津冀协同发展、长江经济带以及“两横三纵”城市群等区域发展新战略中，注重区域市场一体化建设和相关体制机制创新探索，着力推动区域分工合作和协调联动，由片到面推动全国统一市场的形成。

专题五

统一市场建设的国际经验

发达市场经济国家或地区在其统一市场形成过程中也曾经历过市场封锁分割、地方保护、不公平交易等问题。研究西方国家统一市场演变模式、发展过程及治理方法，对促进我国统一市场建设、发挥市场在资源配置中的决定性作用有重要的借鉴和启示意义。

一、美国统一市场的建设

（一）美国统一市场发展的历程

美国建国时是一个由 13 个单独的殖民地经济所组成的混合体，当时所制定的邦联条例保留了各州很大的主权和独立地位。在经济方面，联邦政府缺乏有效治理的必要权力，尤其是征税权和贸易控制权，各州出于自身利益，纷纷制订关税障碍或其他保护法案，优惠本州产业、歧视外州产业，加之当时交通设施非常落后，导致州际之间存在严重的贸易壁垒。在18世纪后期，工业革命迅速席卷着北美大陆。随着工业规模的不断扩大、市场需求的不断增长，各种商品的贸易都呈现出跨越本州、流通全国的趋势，而州际贸易壁垒阻碍了经济发展，需要联邦政府对州际贸易进行统一调控。

于是美国的缔造者在联邦宪法第一章的第八节规定了“州际贸易条款”（Interstate Commerce Clause），授权联邦对州际贸易加以调控。由于美国宪法条款用语笼统，为立法和司法解释留有巨大的空间，因此在很大程度上，这项重要条款的意义是联邦最高法院根据经济与社会的发展需要，通过案例法而逐步加以确定的，并在不同历史时期和社会经济的不同方面，演绎出丰富的内容。

1. 工业化初期的统一市场

工业化初期标志统一市场发展的一个重要案例，是1824年的“哈德森河航运垄断案”。在1798年和1803年，纽约州议会相继通过立法，授权金融巨子列文斯顿和汽船发明家福尔顿，20年内垄断纽约州内的哈德森河航运业务。后来两人又把航运垄断权转让给奥格登。然而新泽西州的吉本斯拥有两艘汽船，在纽约市和新泽西的伊丽莎白镇往返摆渡载客，因而违反了纽约州授予航运专有权的法律。奥格登投诉纽约州法院，获得禁止吉本斯营业的命令，并且法院禁令也得到了纽约州最高法院的肯定。但是，吉本斯则根据1793年国会通过的轮船执照法，宣称州法律侵犯了联邦执照授予他的航运权利，因而上诉联邦最高法院，要求判决州法律无效。

最后，联邦最高法院首席法官马歇尔做出纽约州最高法院判决无效的裁决，并做出司法解释："贸易无疑是交通（traffic），但它的含义超过了交通的范围，它应当是表明国家之间或其部分之间的商业交流，并受进行这种交流的规则的控制。""宪法中'贸易条款'赋予国会的权力是调控权，即制订贸易管理的规则。和授予国会的其他权力一样，这项自身完备的权力可被行使最大限度，且除宪法规定之外，它并不承认其他任何限制。"

吉本斯案的判决，扩大了联邦政府对贸易的调控权，对于全国的交通发展以及统一市场发展起到极大的促进作用。

2. 新政前的统一市场建设

19 世纪末期，资本主义现代工业的发展，使生产迅速集中，导致市场暴利行为及托拉斯的泛滥，严重损害了美国经济的长远发展和广大民众的利益，市场的失序迫使美国政府必须采取相关的立法活动，保护消费者利益，促进市场竞争。1887 年和 1890 年，国会相继通过了《州际贸易法》和《谢尔曼反垄断法》。《州际贸易法》建立了第一个现代独立的行政机构——州际贸易委员会，它有权调节通过铁路或水路、从事载客或载货的运输公司，并可禁止所有不公正或不合理的运费以及没有理由的歧视性收费。此外，由于企业集团和个体雇员之间力量对比悬殊，雇员权利的基本保障要求政府增加对经济事务的干预，于是各州议会先后制订《劳工保护法》，规定工人的最低工资和最高工时，并限制企业雇用妇女和童工。

在美国统一市场发展过程中，大量判例的关键是划分联邦和州之间在贸易管理上的权限。在1914年的“铁路运费案”中，州际贸易委员会规定了德克萨斯州和路易斯安纳州之间的铁路运费率。德州铁路公司在保持德、路两州之间运费的同时，降低在德州境内的运费率。贸易委员会认为这是不公平的歧视性措施，损害了贸易条款所要保障的自由竞争，因此命令德州铁路公司停止这种做法。德州铁路公司则诉诸法院，宣称国会不能授权贸易委员会去管辖德州内的运费。最高法院认为，国会在调控州际贸易时，可以把权力扩展到和州际贸易紧密相连的州内贸易。当州内和州际贸易具有如此紧密联系，以至于控制前者就必然涉及控制后者时，国会而非各州具有最终调控权。

3. 新政之后的美国统一市场建设

罗斯福新政以后，美国统一市场建设的显著特点是，只要国会发现调控事项和州际贸易之间的联系存在“理性基础”，法院就将肯定联邦法律的合宪性。首先，只要联邦法律不和宪法某项具体保障相冲突，国会就有权调控、限制或禁止货物的州际运输。其次，如果州内活动和州际贸易具有紧密联系或实质性影响，联邦政府还可调控州内活动。因为几乎所有重要经济活动都将对州际贸易产生影响，因此，国会有权调控商品的生产和销售方式。最后，即使州内活动对州际贸易没有其他影响，如果联邦调控对州际贸易是“必要或合适”的，那么国会仍有权调节州内活动。最高法院判例所传达的提高联邦政府干预经济权利的理念，为其消除市场封锁分割、地方保护、不公平交易，促进国内一体化市场建设奠定了基础。

（二）美国统一市场的基本框架

1. 美国宪法相关统一市场的内容

美国统一市场的发展与美国宪法密切相关，其多项规定直接影响到美国的经济活动，其中第一条第八款和第十款、第四条、第六条等涉及统一市场的建设。

美国联邦宪法针对国内统一市场建设的制度框架，所确立的最广泛的权力是所谓的商务条款（the commerce clause），即宪法第一条第八款第三项所规定的：美国国会“有权规制同外国的、各州之间的和同印地安部落的商务”。正是宪法赋予的该项权力，使得联邦政府有权决定所有涉及州际的商务往来，而各州政府却无此权力。

美国宪法第一条第八款还规定：“国会有权规定并征收税金、捐税、关税和其他赋税，用以偿付国债并为合众国的共同防御和全民福利提供经费；但是各种捐税、关税和其他赋税，在合众国内应统一征收。”宪法赋予了联邦以广泛的征税权，并且为了防止各州重蹈邦联时的覆辙，通过税收壁垒分裂联邦，要求各种税金、捐税、关税必须统一，以在合众国范围内建立统一的经济区域。

根据最高法院的解释，所谓“统一”征税，是指地域上的统一，即同一项目的税收在全国应当实行一律的税率，联邦不得通过较低的关税率给予一州优越于他州的特惠。

美国宪法在赋予联邦以广泛的征税权的同时，做出了限制各州征税权的规定：“未经国会同意，各州不得对进口货物或出口货物征收任何税款”（宪法第一条第十项）。最高法院又通过对宪法“必要和适当”条款的解释，对关于联邦对州际贸易和对外贸易的管辖权创制了一些原则。

2. 州际贸易法和反垄断法

根据宪法授权，美国国会在1887年和1890年相继通过《州际贸易法》和《谢尔曼反托拉斯法》，对国家经济进行系统的干预。《州际贸易法》规定设立州际贸易委员会，它有权调节通过铁路或水路从事客运或货运的公司，有权禁止一切不公正或不合理的运费以及歧视性收费。《谢尔曼反托拉斯法》是作为“保护贸易和商业免受非法限制和垄断之害的法案”被通过的，其中第一条、第二条是最关键的条款。第一条规定：任何以托拉斯或其他形式作出的契约、联合或共谋，如被用以限制州际或与外国间的贸易或商业，均属违法。第二条规定：任何垄断或企图垄断，或与他人联合或共谋垄断州际间或与外国间的贸易或商业之任何一部分者，均被视为刑事犯罪。

《谢尔曼反托拉斯法》是美国联邦政府第一次明确宣布对付垄断的公共政策法律，基于的前提是，无限制的竞争力的相互作用将产生最佳的经济资源分配、最低的价格、最高的质量和最大的物质进步。此后联邦政府又于1914年颁布了《克莱顿反托拉斯法》和《联邦贸易委员会法》，1936年颁布了《鲁宾逊—特曼法》。20世纪30年代经济危机之后以及二战以后，美国国会还通过了一些反垄断法令，用以补充和修正《谢尔曼反托拉斯法》和《克莱顿反托拉斯法》。除此以外，美国还制定有一系列专业性反垄断法，如在金融业方面的《银行法》等。

3. 劳动关系法

美国劳动关系法体系构成了劳动力统一市场的基础。比如美国法律明确规定，雇主不得对雇员有任何种族、宗教、年龄和性别的歧视，雇员也有相应的集体谈判工资和工作条件的权力。所有的雇人单位和个人，都要首先遵守该法中的规定，例如对工作人员不得有种族、宗教、年龄等歧视，所有岗位和报酬都应该根据雇员的能力来决定。另外，美国联邦政府还设立了调解和解委员会，以调解和解方式处理劳动争议。

（三）美国统一市场形成的内在机制

1. 立法、执法和司法的中央集权

美国是典型的联邦—地方分权政体。在分权决策和财政硬约束下，美国的州政府一方面努力帮助本地企业发展和建设本地市场；另一方面却不无例外地提高外地企业进入本州市场的门槛，采取地方保护主义，从而妨害了美国国内统一市场的发展。地方分权的这种矛盾随之产生了一个问题，即如何在充分保证分权激励地方政府建设本地市场的同时，确保国内统一市场的建设和发展。而美国则是通过立法、执法和司法的中央集权破解了这个难题，成功克服了国内市场统一的掣肘力量。

美国联邦宪法所确定的国内统一市场建设的制度框架，使得联邦政府有权决定所有涉及州际的商务往来，而各州政府却无此权力。立足于联邦宪法确立的这种制度框架，使独立于各州司法体系之外的联邦司法体系不断自我扩张，尤其是最高法院逐渐成为美国国内统一市场建设的主要制度设计者。具体而言，它利用判例来确定“无中生有”的统一商法以及通过强化多元管辖权和移送管辖权来有效地制止任何地方保护主义行为。

2. 交通建设和监管

美国国内统一市场的形成，不仅得益于美国的司法国家化，而且也得到美国“内部改善”的支持。自19世纪以来，美国从修建公路、开凿运河到铺设铁路，掀起了国内交通建设的高潮。交通基础设施的改善，尤其是铁路网络的全国扩张，密切了各地市场之间的联系，促进了国内各地区之间的专业化分工，为统一的国内市场的形成奠定了物质基础。19世纪末，在铁路系统上发展起来的电报和电话等通信服务设施迅速在美国国内铺开，大大提高了商业信息流量和传输效率，进一步促进了国内统一市场的形成。虽然这些交通基础设施绝大部分是由私人投资建设，但得到了各级政府在各个方面的鼓励、支持和资助，这不仅减轻了因资本市场落后而造成的市场失灵，而且更重要的是作为一种威慑力量，为之后政府的监管提供了合理性。

3. 企业的兼并扩张

企业兼并推动了国内不同地区的经济一体化，成为构建统一的国内大市场的主要微观经济主体。在19世纪早期，“市场”主要是一些小规模的本地市场，由于交通运输成本很高，各个市场之间基本上是相互隔离的，而且每个市场由当地生产商供应，这些生产商既没有手段也没有激励机制侵入全国范围内的其他市场。而随着大规模生产带来的规模经济，许多大型工商企业有能力也有动力侵入和打破许多当地的垄断市场和供应垄断安排，使当地非竞争性市场卷入全国性市场。因此，美国大型工商企业的崛起，通过将经营范围拓展至本州之外而突破了地域的限制，逐渐将整个国家连在了一起，从而从根本上打破了市场分割，促进了统一的国内市场的最终形成。

二、欧洲统一市场的建设

（一）欧洲统一市场的历史沿革

欧洲统一市场的雏形是欧洲煤钢共同体。1951年，法国、西德、意大利、比利时、荷兰及卢森堡6国在巴黎通过《巴黎条约》，决定成立欧洲煤钢共同体。根据条约规定，成员国不需交纳关税而直接取得煤和钢的生产资料。欧洲煤钢共同体是欧洲历史上出现的第一个拥有超国家权限的机构，它把战后开始的西欧联合向前大大地推进了一步，使得西欧联合获得了一次实质性的突破。成员国的政府第一次放弃了各自的部分主权，并将这些主权的行使交给一个独立于成员国的高级机构。这个高级机构拥有共同体内部的生产、投资、价格、原料分配，以至发展或停闭某些企业或某些部门的大权，并掌管共同体与第三国和有关国际组织的关系。

欧洲煤钢共同体作为局部一体化的尝试，成功促使各国考虑把共同市场扩大到其他部门乃至整个经济部门的必要性。1955 年，参加欧洲煤钢共同体的 6 国外长在意大利墨西拿举行会议，建议将煤钢共同体的原则推广到其他经济领域，并建立共同市场；后于 1957 年在罗马签订了建立欧洲经济共同体的《罗马条约》。随后，有关运输、农业等其他经济活动部门纷纷建议建立超国家机构，欧洲防务集团、欧洲政治集团、欧洲农业共同体、欧洲卫生共同体等计划一时纷至沓来，出现了 50 年代初期欧洲联合的高潮。

1965 年，6 国签订了《布鲁塞尔条约》，决定将欧洲煤钢共同体、欧洲原子能共同体和欧洲经济共同体统一起来，统称欧洲共同体。1968 年，欧共体成员国之间取消关税和配额，实现了关税同盟。

为了使成员国从联合中获取更大的利益，也为了加强与美国、日本竞争的实力，欧共体于 1985 年通过了《完成内部市场》的白皮书，制定了 1992 年底完成统一内部市场的计划。同年 12 月，欧洲理事会又拟定《统一欧洲文件》，以修改和补充《罗马条约》的形式，将1992年完成建设统一市场目标写进了《罗马条约》，使统一市场的建设获得了法律上和组织上的保证。欧共体还制定286项立法，通过立法形式来消除阻碍货物、人员、劳务、资本在12国间自由流通的各种非关税壁垒。截止1992年底，这些立法已有95%获得通过，其中85%已转为成员国的立法。在这种情况下，欧共体宣布1993年1月1日建成统一的内部市场，基本上拆除了阻碍商品、人员、服务和资本自由流通的非关税壁垒。

欧盟统一市场开始建设后，其成员国不断增多。1993年，成员国为12个，1995年增加到15个，2004年增加到25个，2007年增加到27个，2013年增加到28个。如果包括列士敦支登、冰岛和挪威在内，欧盟统一市场基本涵盖了欧洲经济区的所有国家。

随着欧共体发展成欧盟，特别是统一货币欧元的问世和正式进入流通领域，标志着欧盟在建设统一的内部市场方面取得历史性突破。尽管直到现在离统一市场目标要求——商品、服务、资本、人员完全自由流动尚有一段距离，但是欧盟内部统一市场对欧洲一体化发展起到了十分积极的推动作用。

（二）欧洲统一市场的基本框架

人员自由流动、货物自由流通、服务自由贸易、资本自由流动这四大“自由”构成了欧盟统一市场的四大支柱，并深刻地体现在《欧盟条约》中，构成了欧盟统一市场框架的基础。《欧盟条约》（2008年修订版）第三部分第3款就统一市场的目的给出了明确要求，“欧盟将建立统一市场，它在平衡经济增长、价格稳定、提升竞争力的基础上，促进可持续发展，实现充分就业和社会进步，促进环境保护，促进科技进步”。第三部分第26款指出：“（1）欧盟必须按照《欧盟条约》的要求，采取措施建立统一市场，并确保其有效运行。（2）统一市场是由商品、人员、服务和资本按照《欧盟条约》相关规定，可以自由移动的且内部无边界的区域组成。（3）欧盟理事会根据欧盟委员会的建议，制定所有部门均衡发展的规划和政策。”欧洲共同体1985年的《完成统一市场白皮书》和1988年的《关于实施内部统一市场白皮书》，以及后来的欧盟指令、决策，都集中体现了欧盟统一市场建设的总体思路和主要内容。

1. 人员自由流动

在《欧盟条约》修订版的第二部分“欧盟非歧视和公民权”中，第21条款（原条约第18条款）规定，欧盟成员国每个公民有权在成员国领土内自由地居住和迁移。如果欧盟证明有必要采取措施实现该目标，而条约尚未给予必要的权力，那么欧洲议会和理事会按照正常的法定程序，会采纳该措施，以促进目标的实现。同样出于同样的目的，如果条约尚未给予必要的权力，欧洲理事会按照特定的程序，采取相关的社会保护措施，而且理事会向议会咨询后须无异议地执行。

2. 商品自由流通

商品自由流通是欧共体内部市场追求的第二个支柱目标。欧盟建设商品统一市场的基本指导原则是，促进市场整合，创造商品自由流通的商品市场，商品只需遵守一套规则，便可进入整个欧盟市场。为建立商品统一市场，欧盟制定了商品统一市场的法令，其目的是确保欧盟市场内的产品符合健康、安全和环保要求，被允许在欧盟内销售的产品能无障碍地自由流通。

为实现商品在统一商品市场自由流通，也为了给企业建立一个确定的可预测的规制框架，欧盟需要协调各成员国的有关产品的标准、规制措施等，为此欧盟建立一套协调规则。目前，欧盟80%的产品都纳入协调机制范围，20%尚未覆盖，未覆盖的产品包括纺织品、婴儿用品、时尚商品（如珠宝）等。

针对不同的产品和领域，协调措施的内容可分为两类：第一类，全面协调规则，即成员国不允许维持或施加更加苛刻的要求，这个规则主要应用于与产品相关的要求，如技术标准、卫生、安全等。第二类，最小协调规则，即成员国可以维持或施加更加严格的要求，如消费者保护措施、工人保护措施和环境保护措施。

总体而言，欧盟商品市场法令由以下关键要素组成。

一是安全性。统一市场上销售的商品必须符合严格的安全和环境保护要求。

二是标准化。标准化界定产品、工艺、服务和检验方法的技术及质量要求。

三是合规性评估。产品投放市场前，要由合规性评估机构对产品进行合规性评估，因为产品必须满足欧盟要求才能投放市场。

合规的产品则打上 CE 标签，表明该产品经评估满足所有的安全、卫生和环保要求。

四是合规性评估机构的认证。条例 765/2008 对认证进行了明确要求。该条例致力于在欧盟内建立一致严格的认证体系，所颁发的认证证书则证明合规性评估机构的技术能力。

五是市场监管。市场监管检查欧盟市场上的非食品产品是否危害消费者和工人，以及保护环境、维护安全性和贸易公平性。

需要注意的是，在实践中，欧盟利用上述要素确定协调规则是动态的。以标准化为例，过去立法机构为单个商品制定详细的技术标准，企业投放产品要经历冗长的过程；而且标准经法令认可后，缺乏灵活性，难以适应技术进步的要求。而现在，除了汽车产业采取这样的措施外，对其他产业废除了这种事无巨细的做法，欧盟只是提出原则性的要求，如安全、环保、消费者保护等。

3. 服务的自由流动

由于欧盟经济活动和就业的 70% 是服务业，所以服务业对欧盟统一市场建设至关重要。在服务业统一市场方面，《欧盟条约》坚持两条中心原则：一是在欧盟任何成员国内可自由地设立企业，二是服务性企业可自由地向非所在地的成员国提供服务。经过多年发展，自由建立企业和自由提供服务规则通过欧盟法院的判例日益明晰，并得到深入细化。此外，在具体的服务业，如金融、运输、通信、广播和专业资格认证等行业，统一市场建设也取得重要的进展。按照欧盟条约关于服务自由贸易的法令，欧盟要求成员国建立单点接触机制，即服务提供者通过该点可以获得所有相关信息以及办理所有行政手续，无需接触其他行政部门。

4. 资本自由流动

资本自由流动不仅是四大支柱之一，而且居于核心地位，因为统一资本市场及与其密切联系的金融服务是资源有效配置和经济稳定的关键。由于在《欧盟条约》实施后资本的自由流动条款才得以实施，因此相对于其他三个支柱，资本自由流动出现得最晚。此外，资本统一市场覆盖的地理范围要大于人员、商品和服务的范围，因为它不仅涉及欧盟内部成员国之间的资本自由流动，而且涉及欧盟与第三国之间的资本自由流动。

《欧盟条约》第 63 条界定了资本自由流动的总原则："欧盟内部成员国之间以及欧盟与第三国之间的资本流动的所有障碍都必须禁止。"这是非常严格的条款，因为该条款对谁享有该项权利并无限制；而且该条款具有直接效应，因为它并不需要任何执法条例而直接把权利赋予个人。同时，该条款限制一切障碍，而不仅是歧视性障碍，因此更具普遍意义。

2008 年金融危机发生后，国际上普遍认为需要加强对金融体系的监管，欧盟也面临需要加强成员国金融监管机构能力的压力。但是欧盟统一市场建设者认为，由成员国加强对其国内金融的监管可能会导致欧盟金融市场碎片化，更易遭受损害。因此，欧盟资本统一市场的监管应立足于长期利益，促进欧盟金融市场的整合。

2014 年，欧盟理事会提出建立资本市场联盟计划，这是欧盟单一市场最新建设的领域。其目标是在 28 个成员国内建立一体化的资本市场，以减少金融市场的碎片化，多元化其金融资源，促进资本跨国流动，提高企业尤其是中小企业的融资获取性。

（三）欧洲统一市场运行机制

1. 立法机制

欧盟统一市场的立法机制与欧盟其他方面的立法机制相同。首先是欧盟委员会收集欧盟统一市场建设情况，确定重点问题，向欧洲议会和部长理事会同时提交立法提案（通常是法规、指令或方案）。根据简单的投票多数规则，欧洲议会和部长理事会通过后交由统一市场司负责执行。

2. 执行机制

欧盟统一市场建设的执行机构是其内部的统一市场司。该机构在 28 个成员国和列士敦支登、冰岛和挪威三个国家设立分支机构，从而形成市场建设、监管和评估网络，解决统一市场建设中的问题。欧盟统一市场建设的司法机构是欧洲法院。公民或企业遇到与统一市场相关的问题时，如受到不公正待遇、在非所在地的成员国设立分支机构遇到障碍等，在统一市场建设网络内无法解决，或不满意其解决方案，可上诉到欧洲法院。但这种情况很少发生，多数问题在统一市场运营网络内就得以解决。

为推进统一市场建设，欧盟统一市场评估部门建立计分板机制。他们建立了统一市场推进和运行评估指标体系，并给每个指标赋予一定的权重，然后对各成员国统一市场的建设和运行情况进行评估，因此各成员国在统一市场建设方面的位次以及不足之处一目了然，并将评估结果公之于众，从而给位次靠后或某方面不足的成员国施加压力。

3. 补偿机制

由于各成员国产业竞争力不同，统一市场建设必然给不同国家产业竞争力造成不同影响。为激励产业竞争力比较弱的成员国开放市场，降低进入障碍，欧盟设立了一套补偿机制，针对那些产业受损的成员国给予一定的补偿，并帮助成员国发展其优势产业。这些补偿主要给予新进入的东欧国家。

4. 基础设施建设

基础设施的互联互通是建立统一市场的必要条件。公路和交通运输的联通，电网、通信和供水网络是确保区域融合的关键要素。为此，欧盟审视相关规制框架是否使投资者关注基础设施项目，同时制定优惠政策，在基础设施投融资方面给予最大的法律保障，并通过 PPP 模式推进基础设施建设。

三、欧美建设统一市场的经验启示

（一）统一市场建设是与经济发展要求相适应的渐进过程

从一些发达国家（地区）统一市场建设的历程来看，统一市场建设是经济发展和市场优化配置资源的内在要求。美国统一市场建设发端于18世纪后期的工业革命时期，工业规模快速扩大要求大量商品贸易跨越本州界限、在全国范围内流通，从而迫切要求联邦对州际贸易进行统一治理，破除各州的关税及妨碍州际贸易的各种壁垒，形成全国统一市场。同样，从20世纪50年代开始的欧洲统一市场建设，也是适应各国在更大范围内销售煤炭、钢铁等商品和资源的要求开始起步，并逐步向更大范围和更深层次推进的。

发达国家统一市场建设还具有明显的渐进性特点，从早期的商品和资源的流动及市场的统一，逐步向人员、资本等要素自由流动推进。例如在欧洲，从1951年签订《欧洲煤钢联盟》，到欧共体宣布1993年1月1日建成统一的内部市场，统一市场建设经历了从商品市场领域进入到商品、人员、服务和资本自由流动的全方位统一市场体系的转变。

（二）统一市场建设的关键之一是调整和处理好中央政府与地方（或成员国之间）政府的关系

欧洲统一市场的形成和欧盟的建立，是欧洲历史上出现的第一个拥有超国家权限的机构，各成员国的政府第一次放弃了其在市场规制方面的部分权力，将其交给一个独立于成员国的高级机构（如欧盟），从而形成统一的商品和要素自由流动的内部市场。同样，美国建国之初制定的邦联条例保留了各州很大的自主权和独立地位，各州均可制订各自的关税和经济法律体系，从而导致州际之间存在严重的贸易壁垒。在统一市场发展过程中，美国运用联邦宪法的“州际贸易”条款和联邦法院的司法管辖权，通过大量判例，逐步界定和划分联邦和州之间在贸易管理上的权限，提高联邦政府干预经济的权力，为其消除市场封锁分割、地方保护、不公平交易，促进国内一体化市场建设奠定了基础。

（三）统一市场建设需要强化顶层决策的权威性和法律保障

虽然美国和欧盟分别属于英美法系和大陆法系，但是统一市场建设的立法、执行和司法权皆属于权力的最高层。其优点在于强化顶层决策的权威性，制定统一的市场规则，降低地方政府对统一市场建设的干扰，消除地方保护的行为。在美国，全国统一市场的立法是美国国会，并在联邦宪法中制定了“州际贸易条款”，授权联邦政府对州际贸易加以调控，在《州际贸易法案》和《谢尔曼反托拉斯法》等相关法律中给予联邦政府监管统一市场的具体执行权，将司法解释和最终裁决权赋予联邦最高法院，各州必须遵守联邦法院对相关贸易条款的判决和司法解释。在欧盟，其具有象征宪法意义的《罗马条约》以及补充中对统一市场建设有明确的规定，而且统一市场的纲领性文件《完成内部市场》得到各成员国议会或全体国民表决通过，由欧盟委员会具体执行，司法解释和最终裁决权归属于欧盟法院。在这样的制度安排下，成员国必须根据欧盟宪法和《完成内部市场》的规定对其国内的法律进行清理和修改，不得与欧盟宪法和统一市场法相抵触。

（四）统一市场需要完善的治理体系

在美国，联邦贸易委员会是负责执行各项反托拉斯法律和维护统一市场的行政机构。委员会由 5 名委员组成，委员由总统任命并经参议院推荐和批准，不仅有权规范地方政府管理经济的行为，而且有权管理州际间以及与外国的商业行为管辖权。

欧盟统一市场建设的执行机构是欧盟委员会的统一市场司，该机构在 28 个成员国和列士敦支登、冰岛和挪威 3 个国家设立分支机构，从而形成统一市场建设、监管和评估体系，解决统一市场建设中的相关问题。公民或企业遇到与统一市场法令相悖的问题时，如受到不公正待遇、在其他成员国设立分支机构遇到障碍等，可以通过当地的欧盟委员会分支机构或直接向统一市场司求助。在统一市场建设体系内仍无法解决，或不满意其解决方案，可上诉到欧洲法院。这样的治理体系和执行网络，在相当程度上保证了统一市场的运行。

（五）统一市场建设需要有效的治理工具和管理方式

以欧盟为例，欧盟统一市场司为推进统一市场建设和准确评估市场运行状况，专设了评估部门，设计了评估指标体系和计分板机制，并给每个指标赋予一定的计分权重。经欧盟委员会批准后，欧盟统一市场司用这套指标体系和计分机制，对各成员国统一市场的建设和运行情况进行评估，并将评估结果在例行的欧盟部长级会议上公开，使各成员国在统一市场建设方面的位次以及不足之处一目了然，从而给统一市场法规执行不力的成员国巨大的压力，敦促其及时改正。

国际统一市场建设的相关经验给我国以有益的启示和借鉴。我国是一个统一的、中央集权制的大国，在社会主义市场经济体制下，完全有条件并且有能力全面推进全国统一市场建设。

附件一

国务院关于促进市场公平竞争维护市场正常秩序的若干意见

国发［2014］20号

各省、自治区、直辖市人民政府，国务院各部委、各直属机构：

按照《中共中央关于全面深化改革若干重大问题的决定》精神、国务院机构改革和职能转变要求，现就完善市场监管体系，促进市场公平竞争，维护市场正常秩序提出以下意见。

一、总体要求

（一）指导思想

以邓小平理论、“三个代表”重要思想、科学发展观为指导，深入学习领会党的十八大、十八届二中、三中全会精神，贯彻落实党中央和国务院的各项决策部署，围绕使市场在资源配置中起决定性作用和更好地发挥政府作用，着力解决市场体系不完善、政府干预过多和监管不到位问题，坚持放管并重，实行宽进严管，激发市场主体活力，平等保护各类市场主体合法权益，维护公平竞争的市场秩序，促进经济社会持续健康发展。

（二）基本原则

（1）简政放权。充分发挥市场在资源配置中的决定性作用，把该放的权力放开放到位，降低准入门槛，促进就业创业。法不禁止的，市场主体即可为；法未授权的，政府部门不能为。

（2）依法监管。更好地发挥政府作用，坚持运用法治思维和法治方式履行市场监管职能，加强事中事后监管，推进市场监管制度化、规范化、程序化，建设法治化市场环境。

（3）公正透明。各类市场主体权利平等、机会平等、规则平等，政府监管标准公开、程序公开、结果公开，保障市场主体和社会公众的知情权、参与权、监督权。

（4）权责一致。科学划分各级政府及其部门市场监管职责；法有规定的，政府部门必须为。建立健全监管制度，落实市场主体行为规范责任、部门市场监管责任和属地政府领导责任。

（5）社会共治。充分发挥法律法规的规范作用、行业组织的自律作用、舆论和社会公众的监督作用，实现社会共同治理，推动市场主体自我约束、诚信经营。

（三）总体目标

立足于促进企业自主经营、公平竞争，消费者自由选择、自主消费，商品和要素自由流动、平等交换，建设统一开放、竞争有序、诚信守法、监管有力的现代市场体系，加快形成权责明确、公平公正、透明高效、法治保障的市场监管格局，到2020年建成体制比较成熟、制度更加定型的市场监管体系。

二、放宽市场准入

凡是市场主体基于自愿的投资经营和民商事行为，只要不属于法律法规禁止进入的领域，不损害第三方利益、社会公共利益和国家安全，政府不得限制进入。

（1）改革市场准入制度。制定市场准入负面清单，国务院以清单方式明确列出禁止和限制投资经营的行业、领域、业务等，清单以外的，各类市场主体皆可依法平等进入；地方政府需进行个别调整的，由省级政府报经国务院批准（发展改革委、商务部牵头负责）。改革工商登记制度，推进工商注册制度便利化，大力减少前置审批，由先证后照改为先照后证（工商总局、中央编办牵头负责）。简化手续，缩短时限，鼓励探索实行工商营业执照、组织机构代码证和税务登记证“三证合一”登记制度（县级以上地方各级人民政府负责）。完善节能节地节水、环境、技术、安全等市场准入标准。探索对外商投资实行准入前国民待遇加负面清单的管理模式（发展改革委、商务部牵头负责）。

（2）大力减少行政审批事项。投资审批、生产经营活动审批、资质资格许可和认定、评比达标表彰、评估等，要严格按照行政许可法和国务院规定的程序设定；凡违反规定程序设定的应一律取消（中央编办、法制办、人力资源社会保障部牵头负责）。放开竞争性环节价格（发展改革委牵头负责）。省级人民政府设定临时性的行政许可，要严格限定在控制危险、配置有限公共资源和提供特定信誉、身份、证明的事项，并须依照法定程序设定（省级人民政府负责）。对现有行政审批前置环节的技术审查、评估、鉴证、咨询等有偿中介服务事项进行全面清理，能取消的尽快予以取消；确需保留的，要规范时限和收费，并向社会公示（中央编办、发展改革委、财政部负责）。建立健全政务中心和网上办事大厅，集中办理行政审批，实行一个部门一个窗口对外，一级地方政府“一站式”服务，减少环节，提高效率（县级以上地方各级人民政府负责）。

(3) 禁止变相审批。严禁违法设定行政许可、增加行政许可条件和程序；严禁以备案、登记、注册、年检、监制、认定、认证、审定、指定、配号、换证等形式或者以非行政许可审批名义变相设定行政许可；严禁借实施行政审批变相收费或者违法设定收费项目；严禁将属于行政审批的事项转为中介服务事项，搞变相审批、有偿服务；严禁以加强事中事后监管为名，变相恢复、上收已取消和下放的行政审批项目（中央编办、发展改革委、财政部、法制办按职责分工分别负责）。

(4) 打破地区封锁和行业垄断。对各级政府和部门涉及市场准入、经营行为规范的法规、规章和规定进行全面清理，废除妨碍全国统一市场和公平竞争的规定和做法，纠正违反法律法规实行优惠政策招商的行为，纠正违反法律法规对外地产品或者服务设定歧视性准入条件及收费项目、规定歧视性价格及购买指定的产品、服务等行为（发展改革委、财政部、商务部牵头负责）。对公用事业和重要公共基础设施领域实行特许经营等方式，引入竞争机制，放开自然垄断行业竞争性业务（发展改革委牵头负责）。

（5）完善市场退出机制。对于违反法律法规禁止性规定的市场主体，对于达不到节能环保、安全生产、食品、药品、工程质量等强制性标准的市场主体，应当依法予以取缔，吊销相关证照（各相关市场监管部门按职责分工分别负责）。严格执行上市公司退市制度，完善企业破产制度，优化破产重整、和解、托管、清算等规则和程序，强化债务人的破产清算义务，推行竞争性选任破产管理人的办法，探索对资产数额不大、经营地域不广或者特定小微企业实行简易破产程序（证监会、法制办按职责分工分别负责）。简化和完善企业注销流程，试行对个体工商户、未开业企业以及无债权债务企业实行简易注销程序（工商总局负责）。严格执行金融、食品药品、安全生产、新闻出版等领域违法人员从业禁止规定。抓紧制订试行儿童老年用品及交通运输、建筑工程等领域违法人员从业禁止规定（中国人民银行、银监会、证监会、保监会、食品药品监管总局、安全监管总局、新闻出版广电总局、质检总局、交通运输部、住房与城乡建设部等部门按职责分工分别负责）。

三、强化市场行为监管

依法规范生产、经营、交易等市场行为，创新监管方式，保障公平竞争，促进诚信守法，维护市场秩序。

（1）强化生产经营者主体责任。国务院有关部门要抓紧推动制修订有关条例，完善消费环节经营者首问和赔偿先付制度，建立企业产品和服务标准自我声明公开和监督制度，建立消费品生产经营企业产品安全事故强制报告制度，修订缺陷产品强制召回制度，建立生态环境损害责任制度，提请国务院审议（工商总局、质检总局、食品药品监管总局、环境保护部、林业局、法制办按职责分工分别负责）。试行扩大食品药品、生态环境、安全生产等领域的责任保险，形成风险分担的社会救济机制和专业组织评估、监控风险的市场监督机制（保监会牵头负责）。

（2）强化依据标准监管。加快推动修订标准化法，推进强制性标准体系改革，强化国家强制性标准管理（质检总局牵头负责）。强制性标准严格限定在保障人身健康和生命财产安全、国家安全、生态环境安全的范围。市场主体须严格执行强制性标准，市场监管部门须依据强制性标准严格监管执法（各相关市场监管部门按职责分工分别负责）。

（3）严厉惩处垄断行为和不正当竞争行为。依照《反垄断法》《反不正当竞争法》《价格法》的有关规定，严肃查处损害竞争、损害消费者权益以及妨碍创新和技术进步的垄断协议、滥用市场支配地位行为；加大经营者集中反垄断审查力度，有效防范通过并购获取垄断地位并损害市场竞争的行为；改革自然垄断行业监管办法，强化垄断环节监管。严厉查处仿冒名牌、虚假宣传、价格欺诈、商业贿赂、违法有奖销售、商业诋毁、销售无合法进口证明商品等不正当竞争行为；依法保护各类知识产权，鼓励技术创新，打击侵犯知识产权和制售假冒伪劣商品的行为（商务部、发展改革委、工商总局、知识产权局等部门按职责分工分别负责）。

（4）强化风险管理。加强对市场行为的风险监测分析，加快建立对高危行业、重点工程、重要商品及生产资料、重点领域的风险评估指标体系、风险监测预警和跟踪制度、风险管理防控联动机制（各相关市场监管部门按职责分工分别负责）。完善区域产品质量和生产安全风险警示制度（质检总局、工商总局、安全监管总局按职责分工分别负责）。依据风险程度，加强对发生事故几率高、损失重大的环节和领域的监管，防范区域性、行业性和系统性风险（各相关市场监管部门按职责分工分别负责）。

（5）广泛运用科技手段实施监管。充分利用信息网络技术实现在线即时监督监测，加强非现场监管执法。充分运用移动执法、电子案卷等手段，提高执法效能（工商总局、质检总局、安全监管总局、食品药品监管总局、环境保护部、文化部、海关总署等部门按职责分工分别负责）。利用物联网建设重要产品等追溯体系，形成“来源可查、去向可追、责任可究”的信息链条（商务部牵头负责）。加快完善认定电子签名法律效力的机制（工业和信息化部、法制办牵头负责）。

四、夯实监管信用基础

运用信息公示、信息共享和信用约束等手段，营造诚实、自律、守信、互信的社会信用环境，促进各类市场主体守合同、重信用。

（1）加快市场主体信用信息平台建设。完善市场主体信用信息记录，建立信用信息档案和交换共享机制。逐步建立包括金融、工商登记、税收缴纳、社保缴费、交通违章、统计等所有信用信息类别、覆盖全部信用主体的全国统一信用信息网络平台。推进信用标准化建设，建立以公民身份证号码和组织机构代码为基础的统一社会信用代码制度，完善信用信息征集、存储、共享与应用等环节的制度，推动地方、行业信用信息系统建设及互联互通，构建市场主体信用信息公示系统，强化对市场主体的信用监管（发展改革委、中国人民银行牵头负责）。

（2）建立健全守信激励和失信惩戒机制。将市场主体的信用信息作为实施行政管理的重要参考。根据市场主体信用状况实行分类分级、动态监管，建立健全经营异常名录制度，对违背市场竞争原则和侵犯消费者、劳动者合法权益的市场主体建立“黑名单”制度（工商总局牵头负责）。对守信主体予以支持和激励，对失信主体在经营、投融资、取得政府供应土地、进出口、出入境、注册新公司、工程招投标、政府采购、获得荣誉、安全许可、生产许可、从业任职资格、资质审核等方面依法予以限制或禁止，对严重违法失信主体实行市场禁入制度（各相关市场监管部门按职责分工分别负责）。

（3）积极促进信用信息的社会运用。在保护涉及公共安全、商业秘密和个人隐私等信息的基础上，依法公开在行政管理中掌握的信用信息。拓宽信用信息查询渠道，为公众查询市场主体基础信用信息和违法违规信息提供便捷高效的服务。依法规范信用服务市场，培育和发展社会信用服务机构，推动建立个人信息和隐私保护的法律制度，加强对信用服务机构和人员的监督管理（发展改革委、中国人民银行牵头负责）。

五、改进市场监管执法

创新执法方式，强化执法监督和行政问责，确保依法执法、公正执法、文明执法。

（1）严格依法履行职责。行政机关均须在宪法和法律范围内活动，依照法定权限和程序行使权力、履行职责。没有法律、法规、规章依据，市场监管部门不得作出影响市场主体权益或增加其义务的决定；市场监管部门参与民事活动，要依法行使权利、履行义务、承担责任（各相关市场监管部门按职责分工分别负责）。

（2）规范市场执法行为。建立科学监管的规则和方法，完善以随机抽查为重点的日常监督检查制度，优化细化执法工作流程，确保程序正义，切实解决不执法、乱执法、执法扰民等问题（工商总局、质检总局、安全监管总局、食品药品监管总局、环境保护部等部门按职责分工分别负责）。完善行政执法程序和制度建设，健全市场监管部门内部案件调查与行政处罚决定相对分离制度，规范执法行为，落实行政执法责任制。建立行政执法自由裁量基准制度，细化、量化行政裁量权，公开裁量范围、种类和幅度，严格限定和合理规范裁量权的行使。行政执法过程中，要尊重公民合法权益，不得粗暴对待当事人，不得侵害其人格尊严，积极推行行政指导、行政合同、行政奖励及行政和解等非强制手段，维护当事人的合法权益（各相关市场监管部门按职责分工分别负责）。推进监管执法职能与技术检验检测职能相对分离，技术检验检测机构不再承担执法职能（中央编办、质检总局牵头负责）。

（3）公开市场监管执法信息。推行地方各级政府及其市场监管部门权力清单制度，依法公开权力运行流程。公示行政审批事项目录，公开审批依据、程序、申报条件等（中央编办牵头负责）。依法公开监测、抽检和监管执法的依据、内容、标准、程序和结果。除法律法规另有规定外，市场监管部门适用一般程序作出行政处罚决定或者处罚决定变更之日起20个工作日内，公开执法案件主体信息、案由、处罚依据及处罚结果，提高执法透明度和公信力。建立健全信息公开内部审核机制、档案管理等制度（各相关市场监管部门按职责分工分别负责）。

（4）强化执法考核和行政问责。加强执法评议考核，督促和约束各级政府及其市场监管部门切实履行职责（县级以上地方各级人民政府负责）。综合运用监察、审计、行政复议等方式，加强对行政机关不作为、乱作为、以罚代管等违法违规行为的监督。对市场监管部门及其工作人员未按强制性标准严格监管执法造成损失的，要依法追究责任；对市场监管部门没有及时发现、制止而引发系统性风险的，对地方政府长期不能制止而引发区域性风险的，要依法追究有关行政监管部门直至政府行政首长的责任。因过错导致监管不到位造成食品药品安全、生态环境安全、生产安全等领域事故的，要倒查追责，做到有案必查，有错必究，有责必追。不顾生态环境盲目决策，造成严重后果的领导干部，要终身追究责任（监察部、审计署、法制办按职责分工分别负责）。

六、改革监管执法体制

整合优化执法资源，减少执法层级，健全协作机制，提高监管效能。

（1）解决多头执法。整合规范市场监管执法主体，推进城市管理、文化等领域的跨部门、跨行业综合执法，相对集中执法权。市场监管部门直接承担执法职责，原则上不另设具有独立法人资格的执法队伍。一个部门设有多支执法队伍的，业务相近的应当整合为一支队伍；不同部门下设的职责任务相近或相似的执法队伍，逐步整合为一支队伍。清理取消没有法律法规依据、违反机构编制管理规定的执法队伍（中央编办牵头负责）。

（2）消除多层重复执法。对反垄断、商品进出口、外资国家安全审查等关系全国统一市场规则和管理的事项，实行中央政府统一监管。对食品安全、商贸服务等实行分级管理的事项，要厘清不同层级政府及其部门的监管职责，原则上实行属地管理，由市县政府负责监管。要加强食品药品、安全生产、环境保护、劳动保障、海域海岛等重点领域的基层执法力量。由基层监管的事项，中央政府和省、自治区政府市场监管部门主要行使市场执法监督指导、协调跨区域执法和重大案件查处职责，原则上不设具有独立法人资格的执法队伍。设区的市，市级部门承担执法职责并设立执法队伍的，区本级不设执法队伍；区级部门承担执法职责并设立执法队伍的，市本级不设执法队伍。加快县级政府市场监管体制改革，探索综合设置市场监管机构，原则上不另设执法队伍。乡镇政府（街道）在没有市场执法权的领域，发现市场违法违规行为应及时向上级报告。经济发达、城镇化水平较高的乡镇，根据需要和条件可通过法定程序行使部分市场执法权（中央编办牵头负责）。

（3）规范和完善监管执法协作配合机制。完善市场监管部门间各司其职、各负其责、相互配合、齐抓共管的工作机制。制定部门间监管执法信息共享标准，打破“信息孤岛”，实现信息资源开放共享、互联互通（商务部牵头负责）。建立健全跨部门、跨区域执法协作联动机制（各相关市场监管部门按职责分工分别负责）。对未经依法许可的生产经营行为，工商行政管理部门和负责市场准入许可的部门要及时依法查处，直至吊销营业执照（工商总局和负责市场准入许可的部门按职责分工分别负责）。

（4）做好市场监管执法与司法的衔接。完善案件移送标准和程序，细化并严格执行执法协作相关规定（各相关市场监管部门按职责分工分别负责）。建立市场监管部门、公安机关、检察机关间案情通报机制。市场监管部门发现违法行为涉嫌犯罪的，应当依法移送公安机关并抄送同级检察机关，不得以罚代刑。公安机关作出立案决定的，应当书面通知移送案件的市场监管部门，不立案或者撤销案件决定的，应当书面说明理由，同时通报同级检察机关。公安机关发现违法行为，认为不需要追究刑事责任但依法应当作出行政处理的，要及时将案件移送市场监管部门（公安部牵头负责）。市场监管部门须履行人民法院的生效裁定和判决。对当事人不履行行政决定的，市场监管部门依法强制执行或者向人民法院申请强制执行（各相关市场监管部门按职责分工分别负责）。

七、健全社会监督机制

充分发挥社会力量在市场监管中的作用，调动一切积极因素，促进市场自我管理、自我规范、自我净化。

（1）发挥行业协会商会的自律作用。推动行业协会商会建立健全行业经营自律规范、自律公约和职业道德准则，规范会员行为。鼓励行业协会商会制定发布产品和服务标准，参与制定国家标准、行业规划和政策法规。支持有关组织依法提起公益诉讼，进行专业调解。加强行业协会商会自身建设，增强参与市场监管的能力（民政部牵头负责）。限期实现行政机关与行业协会商会在人员、财务资产、职能、办公场所等方面真正脱钩。探索一业多会，引入竞争机制（发展改革委、民政部牵头负责）。加快转移适合由行业协会商会承担的职能，同时加强管理，引导其依法开展活动（民政部、中央编办牵头负责）。

（2）发挥市场专业化服务组织的监督作用。支持会计师事务所、税务师事务所、律师事务所、资产评估机构等依法对企业财务、纳税情况、资本验资、交易行为等真实性合法性进行鉴证，依法对上市公司信息披露进行核查把关（财政部牵头负责）。推进检验检测认证机构与政府脱钩、转制为企业或社会组织的改革，推进检验检测认证机构整合，有序放开检验检测认证市场，促进第三方检验检测认证机构发展（中央编办、质检总局牵头负责）。推进公证管理体制改革（司法部负责）。加快发展市场中介组织，推进从事行政审批前置中介服务的市场中介组织在人、财、物等方面与行政机关或者挂靠事业单位脱钩改制。建立健全市场专业化服务机构监管制度（发展改革委、财政部牵头负责）。

（3）发挥公众和舆论的监督作用。健全公众参与监督的激励机制，完善有奖举报制度，依法为举报人保密（各相关市场监管部门按职责分工分别负责）。发挥消费者组织调处消费纠纷的作用，提升维权成效（工商总局牵头负责）。落实领导干部接待群众来访制度，健全信访举报工作机制，畅通信访渠道（信访局牵头负责）。整合优化各职能部门的投诉举报平台功能，逐步建设统一便民高效的消费投诉、经济违法行为举报和行政效能投诉平台，实现统一接听、按责转办、限时办结，统一督办，统一考核（县级以上地方各级人民政府负责）。强化舆论监督，曝光典型案件，震慑违法犯罪行为，提高公众认知和防范能力。新闻媒体要严守职业道德，把握正确导向，重视社会效果。严惩以有偿新闻恶意中伤生产经营者、欺骗消费者的行为（新闻出版广电总局牵头负责）。对群众举报投诉、新闻媒体反映的问题，市场监管部门要认真调查核实，及时依法作出处理，并向社会公布处理结果（各相关市场监管部门按职责分工分别负责）。

八、完善监管执法保障

加强制度建设，强化执法能力保障，确保市场监管有法可依、执法必严、清正廉洁、公正为民。

（1）及时完善相关法律规范。根据市场监管实际需要和市场变化情况，及时修订完善相关法律法规。梳理取消和下放行政审批项目、加强后续监管措施涉及的法律法规、规章和规范性文件，提出法律修改、废止建议，修改或者废止有关法规、规章和规范性文件。研究技术标准、信用信息和信用报告、备案报告等政府管理方式的适用规则。完善市场监管规范性文件合法性审查机制，健全法规、规章和规范性文件备案审查制度。健全行政复议案件审理机制，推动扩大行政诉讼受案范围（法制办、各相关市场监管部门按职责分工分别负责）。

（2）健全法律责任制度。调整食品药品、生态环境、安全生产、劳动保障等领域现行法律制度中罚款等法律责任的规定，探索按日计罚等法律责任形式。扩大市场监管法律制度中惩罚性赔偿的适用范围，依法大幅度提高赔偿倍数。强化专业化服务组织的连带责任。健全行政补偿和赔偿制度，当发生市场监管部门及其工作人员行使职权损害相对人合法权益时，须履行补偿或赔偿责任（各相关市场监管部门、法制办按职责分工分别负责）。

（3）加强执法队伍建设。在财政供养人员总量不增加的前提下，盘活存量、优化结构，完善待遇、选拔任用等激励保障制度，推动执法力量向基层和一线倾斜。加强执法人员专业培训和业务考核，配备必要的执法装备，提高执法人员综合素质和能力水平（财政部、人力资源社会保障部、中央编办按职责分工分别负责）。全面落实财政保障执法经费制度，市场监管工作经费和能力建设经费全部纳入各级财政预算予以保障，确保监管执法人员工资足额发放。严格执行“收支两条线”制度，严禁下达罚款任务，严禁收费罚没收入按比例返还等与部门利益挂钩或者变相挂钩（财政部牵头负责）。

九、加强组织领导

促进市场公平竞争，完善市场监管体系是一项系统工程，各地区各部门要高度重视、统一思想、狠抓落实，力求取得实效。

（1）加强领导，明确分工。各地区各部门要深刻认识完善市场监管体系工作的重大意义，认真落实本意见提出的各项措施和要求。各级人民政府要建立健全市场监管体系建设的领导和协调机制，加强统筹协调、督促落实，明确部门分工任务。各地区各部门要按照职责分工，结合本地区本部门实际，研究出台具体方案和实施办法，细化实化监管措施，落实和强化监管责任。加强新闻宣传和舆论引导，确保市场运行平稳有序。

（2）联系实际，突出重点。要把人民群众反映强烈、关系人民群众身体健康和生命财产安全、对经济社会发展可能造成大的危害的问题放在突出位置，着力加强对重点区域、重点领域、重点环节和重点产品的监管，切实解决食品药品、生态环境、安全生产、金融服务、网络信息、电子商务、房地产等领域扰乱市场秩序、侵害消费者合法权益的问题。

（3）加强督查，务求实效。各地区各部门要加强对本意见落实工作的监督检查，推动市场监管体系建设，促进市场公平竞争，维护市场正常秩序。国务院办公厅负责对本意见落实工作的统筹协调、跟踪了解、督促检查，确保各项任务和措施落实到位。

国务院

2014 年 6 月 4 日

附件二

国务院关于清理规范税收等优惠政策的通知

国发［2014］62 号

各省、自治区、直辖市人民政府，国务院各部委、各直属机构：

根据党的十八届三中全会精神和《国务院关于深化预算管理制度改革的决定》（国发［2014］45 号）要求，为严肃财经纪律，加快建设统一开放、竞争有序的市场体系，现就清理规范税收等优惠政策有关问题通知如下。

一、充分认识清理规范税收等优惠政策的重大意义

近年来，为推动区域经济发展，一些地区和部门对特定企业及其投资者（或管理者）等，在税收、非税等收入和财政支出等方面实施了优惠政策（以下统称税收等优惠政策），一定程度上促进了投资增长和产业集聚。但是，一些税收等优惠政策扰乱了市场秩序，影响国家宏观调控政策的效果，甚至可能违反我国对外

承诺，引发国际贸易摩擦。

全面规范税收等优惠政策，有利于维护公平的市场竞争环境，促进形成全国统一的市场体系，发挥市场在资源配置中的决定性作用；有利于落实国家宏观经济政策，打破地方保护和行业垄断，推动经济转型升级；有利于严肃财经纪律，预防和惩治腐败，维护正常的收入分配秩序；有利于深化财税体制改革，推进依法行政，科学理财，建立全面规范、公开透明的预算制度。

二、总体要求

（一）指导思想

以邓小平理论、“三个代表”重要思想、科学发展观为指导，全面贯彻党的十八大和十八届三中、四中全会精神，落实党中央、国务院决策部署，以加快建设统一开放、竞争有序的市场体系，促进社会主义市场经济健康发展为目标，通过清理规范税收等优惠政策，反对地方保护和不正当竞争，着力清除影响商品和要素自由流动的市场壁垒，推动完善社会主义市场经济体制，使市场在资源配置中起决定性作用，促进经济转型升级。

（二）主要原则

（1）上下联动，全面规范。各有关部门要按照法律法规和国务院统一要求，清理规范本部门出台的税收等优惠政策，各地区要同步开展清理规范工作。凡违法违规或影响公平竞争的政策都要纳入清理规范的范围，既要规范税收、非税等收入优惠政策，又要规范与企业缴纳税收或非税收入挂钩的财政支出优惠政策。

（2）统筹规划，稳步推进。既要立足当前，分清主次，坚决取消违反法律法规的优惠政策，做到符合世界贸易组织规则和我国对外承诺，逐步规范其他优惠政策；又要着眼长远，以开展清理规范工作为契机，建立健全长效管理机制。

（3）公开信息，接受监督。要按照政府信息公开的要求，全面推进税收等优惠政策相关信息公开，增强透明度，提高公信力；建立举报制度，动员各方力量，加强监督制衡。

三、切实规范各类税收等优惠政策

（1）统一税收政策制定权限。坚持税收法定原则，除依据专门税收法律法规和《中华人民共和国民族区域自治法》规定的税政管理权限外，各地区一律不得自行制定税收优惠政策；未经国务院批准，各部门起草的其他法律、法规、规章、发展规划和区域政策，都不得规定具体税收优惠政策。

（2）规范非税等收入管理。严格执行现有行政事业性收费、政府性基金、社会保险管理制度。严禁对企业违规减免或缓征行政事业性收费和政府性基金、以优惠价格或零地价出让土地；严禁低价转让国有资产、国有企业股权以及矿产等国有资源；严禁违反法律法规和国务院规定减免或缓征企业应当承担的社会保险缴费，未经国务院批准不得允许企业低于统一规定费率缴费。

（3）严格财政支出管理。未经国务院批准，各地区、各部门不得对企业规定财政优惠政策。对违法违规制定与企业及其投资者（或管理者）缴纳税收或非税收入挂钩的财政支出优惠政策，包括先征后返、列收列支、财政奖励或补贴，以代缴或给予补贴等形式减免土地出让收入等，坚决予以取消。其他优惠政策，如代企业承担社会保险缴费等经营成本、给予电价水价优惠、通过财政奖励或补贴等形式吸引其他地区企业落户本地或在本地缴纳税费，对部分区域实施的地方级财政收入全留或增量返还等，要逐步加以规范。

四、全面清理已有的各类税收等优惠政策

各地区、各有关部门要开展一次专项清理，认真排查本地区、本部门制定出台的税收等优惠政策，特别要对与企业签订的合同、协议、备忘录、会议或会谈纪要以及“一事一议”形式的请示、报告和批复等进行全面梳理，摸清底数，确保没有遗漏。

通过专项清理，违反国家法律法规的优惠政策一律停止执行，并发布文件予以废止；没有法律法规障碍，确需保留的优惠政策，由省级人民政府或有关部门报财政部审核汇总后专题请示国务院。

各省级人民政府和有关部门应于2015年3月底前，向财政部

报送本省（区、市）和本部门对税收等优惠政策的专项清理情况，由财政部汇总报国务院。

五、建立健全长效机制

（1）建立评估和退出机制。对法律法规规定的税收优惠政策和经国务院批准实施的非税收入及财政支出优惠政策，财政部要牵头定期评估。没有法律法规障碍且具有推广价值的政策，要尽快在全国范围内实施；有明确执行时限的政策，原则上一律到期停止执行；未明确执行时限的政策，要设定政策实施时限。对不符合经济发展需要、效果不明显的政策，财政部要牵头会同有关部门提出调整或取消的意见，报国务院审定。

（2）健全考评监督机制。明确地方各级人民政府主要负责人为本地区税收等优惠政策管理的第一责任人，将税收等优惠政策管理情况作为领导班子和领导干部综合考核评价体系的重要内容，作为提拔任用、管理监督的重要依据。

（3）建立信息公开和举报制度。建立目录清单制度，除涉及国家秘密和安全的事项外，税收等优惠政策的制定、调整或取消等信息，要形成目录清单，并以适当形式及时、完整地向社会公开。建立举报制度，鼓励和引导各方力量对违法违规制定实施税收等优惠政策行为进行监督。

（4）强化责任追究机制。建立定期检查和问责制度，监察部、财政部、审计署、税务总局等部门要按照职责分工，及时查处并纠正各类违法违规制定税收等优惠政策行为。自本通知印发之日起，对违反规定出台或继续实施税收等优惠政策的地区和部门，要依法依规追究政府和部门主要负责人和政策制定部门、政策执行部门主要负责人的责任，并给予相应纪律处分；中央财政按照税收等优惠额度的一定比例扣减对该地区的税收返还或转移支付。

六、健全保障措施

（1）加强组织领导。建立由财政部牵头的清理税收等优惠政策部际联席会议制度，具体负责政策指导和统筹协调，加强监督检查和跟踪落实，研究解决重大问题，重大事项及时报告国务院。省、市、县级人民政府要建立由财政部门牵头、相关部门配合的清理税收等优惠政策工作机制，组织实施本地区的清理规范工作。

（2）完善相关政策。在扎实开展清理规范工作的同时，各地区、各部门要按照党中央、国务院的统一部署，认真落实国家统一制定的税收等优惠政策，大力培育新兴产业，积极支持小微企业加快发展，进一步完善社会保险、社会救助和社会福利制度，加大对城乡低收入群体的保障力度，努力促进就业和基本公共服务均等化。

（3）加强舆论引导。各地区、各部门和有关新闻单位要通过政府或部门网站、广播电视、平面媒体等渠道，加强政策宣传解读，及时发布信息，统一思想、凝聚共识，营造良好的舆论氛围。

规范税收等优惠政策工作事关全局，政策性强，涉及面广。各地区、各部门要高度重视，牢固树立大局意识，加强领导、周密部署、及时督查，切实将规范税收等优惠政策工作抓实、抓好、抓出成效。

国务院

2014 年 11 月 27 日

附件三

国务院关于印发深化标准化工作改革方案的通知

国发［2015］13号

各省、自治区、直辖市人民政府，国务院各部委、各直属机构：

现将《深化标准化工作改革方案》印发给你们，请认真贯彻执行。

国务院

2015年3月11日

深化标准化工作改革方案

为落实《中共中央关于全面深化改革若干重大问题的决定》、《国务院机构改革和职能转变方案》和《国务院关于促进市场公平竞争维护市场正常秩序的若干意见》（国发［2014］20号）关于深化标准化工作改革、加强技术标准体系建设的有关要求，制定本改革方案。

一、改革的必要性和紧迫性

党中央、国务院高度重视标准化工作，2001 年成立国家标准化管理委员会，强化标准化工作的统一管理。在各部门、各地方共同努力下，我国标准化事业得到快速发展。截至目前，国家标准、行业标准和地方标准总数达到 10 万项，覆盖一、二、三产业和社会事业各领域的标准体系基本形成。我国相继成为国际标准化组织（ISO）、国际电工委员会（IEC）常任理事国及国际电信联盟（ITU）理事国，我国专家担任 ISO 主席、IEC 副主席、ITU 秘书长等一系列重要职务，主导制定国际标准的数量逐年增加。标准化在保障产品质量安全、促进产业转型升级和经济提质增效、服务外交外贸等方面起着越来越重要的作用。但是，从我国经济社会发展日益增长的需求来看，现行标准体系和标准化管理体制已不能适应社会主义市场经济发展的需要，甚至在一定程度上影响了经济社会发展。

一是标准缺失老化滞后，难以满足经济提质增效升级的需求。现代农业和服务业标准仍然很少，社会管理和公共服务标准刚刚起步，即使在标准相对完备的工业领域，标准缺失现象也不同程度存在。特别是当前节能降耗、新型城镇化、信息化和工业化融合、电子商务、商贸物流等领域对标准的需求十分旺盛，但标准供给仍有较大缺口。我国国家标准制定周期平均为 3 年，远远落后于产业快速发展的需要。标准更新速度缓慢，“标龄”高出德、美、英、日等发达国家1倍以上。标准整体水平不高，难以支撑经济转型升级。我国主导制定的国际标准仅占国际标准总数的0.5%，“中国标准”在国际上认可度不高。

二是标准交叉重复矛盾，不利于统一市场体系的建立。标准是生产经营活动的依据，是重要的市场规则，必须增强统一性和权威性。目前，现行国家标准、行业标准、地方标准中仅名称相同的就有近2000项，有些标准技术指标不一致甚至冲突，既造成企业执行标准困难，也造成政府部门制定标准的资源浪费和执法尺度不一。特别是强制性标准涉及健康安全环保，但是制定主体多，28个部门和31个省（区、市）制定发布强制性行业标准和地方标准；数量庞大，强制性国家、行业、地方三级标准万余项，缺乏强有力的组织协调，交叉重复矛盾难以避免。

三是标准体系不够合理，不适应社会主义市场经济发展的要求。国家标准、行业标准、地方标准均由政府主导制定，且70%为一般性产品和服务标准，这些标准中许多应由市场主体遵循市场规律制定。而国际上通行的团体标准在我国没有法律地位，市场自主制定、快速反映需求的标准不能有效供给。即使是企业自己制定、内部使用的企业标准，也要到政府部门履行备案甚至审查性备案，企业能动性受到抑制，缺乏创新和竞争力。

四是标准化协调推进机制不完善，制约了标准化管理效能提升。标准反映各方共同利益，各类标准之间需要衔接配套。很多标准技术面广、产业链长，特别是一些标准涉及部门多、相关方立场不一致，协调难度大，由于缺乏权威、高效的标准化协调推进机制，越重要的标准越“难产”。有的标准实施效果不明显，相关配套政策措施不到位，尚未形成多部门协同推动标准实施的工作格局。

造成这些问题的根本原因是现行标准体系和标准化管理体制是20世纪80年代确立的，政府与市场的角色错位，市场主体活力未能充分发挥，既阻碍了标准化工作的有效开展，又影响了标准化作用的发挥，必须切实转变政府标准化管理职能，深化标准化工作改革。

二、改革的总体要求

标准化工作改革，要紧紧围绕使市场在资源配置中起决定性作用和更好发挥政府作用，着力解决标准体系不完善、管理体制不顺畅、与社会主义市场经济发展不适应问题，改革标准体系和标准化管理体制，改进标准制定工作机制，强化标准的实施与监督，更好发挥标准化在推进国家治理体系和治理能力现代化中的基础性、战略性作用，促进经济持续健康发展和社会全面进步。

改革的基本原则：一是坚持简政放权、放管结合。把该放的放开放到位，培育发展团体标准，放开搞活企业标准，激发市场主体活力；把该管的管住管好，强化强制性标准管理，保证公益类推荐性标准的基本供给。二是坚持国际接轨、适合国情。借鉴发达国家标准化管理的先进经验和做法，结合我国发展实际，建立完善具有中国特色的标准体系和标准化管理体制。三是坚持统一管理、分工负责。既发挥好国务院标准化主管部门的综合协调职责，又充分发挥国务院各部门在相关领域内标准制定、实施及监督的作用。四是坚持依法行政、统筹推进。加快标准化法治建设，做好标准化重大改革与标准化法律法规修改完善的有机衔接；合理统筹改革优先领域、关键环节和实施步骤，通过市场自主制定标准的增量带动现行标准的存量改革。

改革的总体目标：建立政府主导制定的标准与市场自主制定的标准协同发展、协调配套的新型标准体系，健全统一协调、运行高效、政府与市场共治的标准化管理体制，形成政府引导、市场驱动、社会参与、协同推进的标准化工作格局，有效支撑统一市场体系建设，让标准成为对质量的“硬约束”，推动中国经济迈向中高端水平。

三、改革措施

通过改革，把政府单一供给的现行标准体系，转变为由政府主导制定的标准和市场自主制定的标准共同构成的新型标准体系。政府主导制定的标准由 6 类整合精简为 4 类，分别是强制性国家标准和推荐性国家标准、推荐性行业标准、推荐性地方标准；市场自主制定的标准分为团体标准和企业标准。政府主导制定的标准侧重于保基本，市场自主制定的标准侧重于提高竞争力。同时建立完善与新型标准体系配套的标准化管理体制。

（1）建立高效权威的标准化统筹协调机制。建立由国务院领导同志为召集人、各有关部门负责同志组成的国务院标准化协调推进机制，统筹标准化重大改革，研究标准化重大政策，对跨部门跨领域、存在重大争议标准的制定和实施进行协调。国务院标准化协调推进机制日常工作由国务院标准化主管部门承担。

（2）整合精简强制性标准。在标准体系上，逐步将现行强制性国家标准、行业标准和地方标准整合为强制性国家标准。在标准范围上，将强制性国家标准严格限定在保障人身健康和生命财产安全、国家安全、生态环境安全和满足社会经济管理基本要求的范围之内。在标准管理上，国务院各有关部门负责强制性国家标准项目提出、组织起草、征求意见、技术审查、组织实施和监督；国务院标准化主管部门负责强制性国家标准的统一立项和编号，并按照世界贸易组织规则开展对外通报；强制性国家标准由国务院批准发布或授权批准发布。强化依据强制性国家标准开展监督检查和行政执法。免费向社会公开强制性国家标准文本。建立强制性国家标准实施情况统计分析报告制度。

法律法规对标准制定另有规定的，按现行法律法规执行。环境保护、工程建设、医药卫生强制性国家标准、强制性行业标准和强制性地方标准，按现有模式管理。安全生产、公安、税务标准暂按现有模式管理。核、航天等涉及国家安全和秘密的军工领域行业标准，由国务院国防科技工业主管部门负责管理。

（3）优化完善推荐性标准。在标准体系上，进一步优化推荐性国家标准、行业标准、地方标准体系结构，推动向政府职责范围内的公益类标准过渡，逐步缩减现有推荐性标准的数量和规模。在标准范围上，合理界定各层级、各领域推荐性标准的制定范围，推荐性国家标准重点制定基础通用、与强制性国家标准配套的标准；推荐性行业标准重点制定本行业领域的重要产品、工程技术、服务和行业管理标准；推荐性地方标准可制定满足地方自然条件、民族风俗习惯的特殊技术要求。在标准管理上，国务院标准化主管部门、国务院各有关部门和地方政府标准化主管部门分别负责统筹管理推荐性国家标准、行业标准和地方标准制修订工作。充分运用信息化手段，建立制修订全过程信息公开和共享平台，强化制修订流程中的信息共享、社会监督和自查自纠，有效避免推荐性国家标准、行业标准、地方标准在立项、制定过程中的交叉重复矛盾。简化制修订程序，提高审批效率，缩短制修订周期。推动免费向社会公开公益类推荐性标准文本。建立标准实施信息反馈和评估机制，及时开展标准复审和维护更新，有效解决标准缺失滞后老化问题。加强标准化技术委员会管理，提高广泛性、代表性，保证标准制定的科学性、公正性。

（4）培育发展团体标准。在标准制定主体上，鼓励具备相应能力的学会、协会、商会、联合会等社会组织和产业技术联盟协调相关市场主体共同制定满足市场和创新需要的标准，供市场自愿选用，增加标准的有效供给。在标准管理上，对团体标准不设行政许可，由社会组织和产业技术联盟自主制定发布，通过市场竞争优胜劣汰。国务院标准化主管部门会同国务院有关部门制定团体标准发展指导意见和标准化良好行为规范，对团体标准进行必要的规范、引导和监督。在工作推进上，选择市场化程度高、技术创新活跃、产品类标准较多的领域，先行开展团体标准试点工作。支持专利融入团体标准，推动技术进步。

（5）放开搞活企业标准。企业根据需要自主制定、实施企业标准。鼓励企业制定高于国家标准、行业标准、地方标准，具有竞争力的企业标准。建立企业产品和服务标准自我声明公开和监督制度，逐步取消政府对企业产品标准的备案管理，落实企业标准化主体责任。鼓励标准化专业机构对企业公开的标准开展比对和评价，强化社会监督。

（6）提高标准国际化水平。鼓励社会组织和产业技术联盟、企业积极参与国际标准化活动，争取承担更多国际标准组织技术机构和领导职务，增强话语权。加大国际标准跟踪、评估和转化力度，加强中国标准外文版翻译出版工作，推动与主要贸易国之间的标准互认，推进优势、特色领域标准国际化，创建中国标准品牌。结合海外工程承包、重大装备设备出口和对外援建，推广中国标准，以中国标准“走出去”带动我国产品、技术、装备、服务“走出去”。进一步放宽外资企业参与中国标准的制定。

四、组织实施

坚持整体推进与分步实施相结合，按照逐步调整、不断完善的方法，协同有序推进各项改革任务。标准化工作改革分三个阶段实施。

（1）第一阶段（2015~2016 年），积极推进改革试点工作。

——加快推进《中华人民共和国标准化法》修订工作，提出法律修正案，确保改革于法有据。修订完善相关规章制度（2016 年 6 月底前完成）。

——国务院标准化主管部门会同国务院各有关部门及地方政府标准化主管部门，对现行国家标准、行业标准、地方标准进行全面清理，集中开展滞后老化标准的复审和修订，解决标准缺失、矛盾交叉等问题（2016 年 12 月底前完成）。

——优化标准立项和审批程序，缩短标准制定周期。改进推荐性行业和地方标准备案制度，加强标准制定和实施后评估（2016 年 12 月底前完成）。

——按照强制性标准制定原则和范围，对不再适用的强制性标准予以废止，对不宜强制的转化为推荐性标准（2015 年 12 月底前完成）。

——开展标准实施效果评价，建立强制性标准实施情况统计分析报告制度。强化监督检查和行政执法，严肃查处违法违规行为（2016 年 12 月底前完成）。

——选择具备标准化能力的社会组织和产业技术联盟，在市场化程度高、技术创新活跃、产品类标准较多的领域开展团体标准试点工作，制定团体标准发展指导意见和标准化良好行为规范（2015 年 12 月底前完成）。

——开展企业产品和服务标准自我声明公开和监督制度改革试点。企业自我声明公开标准的，视同完成备案（2015 年 12 月底前完成）。

——建立国务院标准化协调推进机制，制定相关制度文件。建立标准制修订全过程信息公开和共享平台（2015 年 12 月底前完成）。

——主导和参与制定国际标准数量达到年度国际标准制定总数的 50%（2016 年完成）。

（2）第二阶段（2017～2018 年），稳妥推进向新型标准体系过渡。

——确有必要强制的现行强制性行业标准、地方标准，逐步整合上升为强制性国家标准（2017 年完成）。

——进一步明晰推荐性标准制定范围，厘清各类标准间的关系，逐步向政府职责范围内的公益类标准过渡（2018 年完成）。

——培育若干具有一定知名度和影响力的团体标准制定机构，制定一批满足市场和创新需要的团体标准。建立团体标准的评价和监督机制（2017 年完成）。

——企业产品和服务标准自我声明公开和监督制度基本完善并全面实施（2017 年完成）。

——国际国内标准水平一致性程度显著提高，主要消费品领域与国际标准一致性程度达到 95% 以上（2018 年完成）。

（3）第三阶段（2019 ~ 2020 年），基本建成结构合理、衔接配套、覆盖全面、适应经济社会发展需求的新型标准体系。

——理顺并建立协同、权威的强制性国家标准管理体制（2020 年完成）。

——政府主导制定的推荐性标准限定在公益类范围，形成协调配套、简化高效的推荐性标准管理体制（2020 年完成）。

——市场自主制定的团体标准、企业标准发展较为成熟，更好满足市场竞争、创新发展的需求（2020 年完成）。

——参与国际标准化治理能力进一步增强，承担国际标准组织技术机构和领导职务数量显著增多，与主要贸易伙伴国家标准互认数量大幅增加，我国标准国际影响力不断提升，迈入世界标准强国行列（2020 年完成）。

附件四

商务部 税务总局等部门关于印发《消除地区封锁打破行业垄断工作方案》的通知

商秩发［2013］446 号

各省、自治区、直辖市商务主管部门、国家税务局、地方税务局、发展改革委、公安厅（局）、财政厅（局）、交通运输厅（局、委）、工商行政管理局、市场监督管理局、人民政府法制办公室、银监局、证监局、保监局，中国人民银行各分行：

为深入学习贯彻党的十八届三中全会通过的《中共中央关于全面深化改革若干重大问题的决定》精神，认真落实《国务院办公厅关于实施（国务院机构改革和职能转变方案）任务分工的通知》（国办发［2013］22 号）要求，现将《消除地区封锁打破行业垄断工作方案》印发给你们。请按照工作方案的具体要求和部门分工，明确工作职责，加强协调配合，切实做好消除地区封锁、打破行业垄断工作。

商务部　税务总局　发展改革委公安部

财政部　交通运输部　中国人民银行　工商总局

法制办银监会　证监会　保监会

2013 年 12 月 4 日

消除地区封锁打破行业垄断工作方案

为深入贯彻落实《中共中央关于全面深化改革若干重大问题的决定》，根据《国务院办公厅关于实施〈国务院机构改革和职能转变方案〉任务分工的通知》（国办发［2013］22 号）要求，消除地区封锁，打破行业垄断，维护全国市场的统一开放、公平诚信、竞争有序，制定本工作方案。

一、指导思想

以邓小平理论、“三个代表”重要思想、科学发展观为指导，深入贯彻党的十八大和十八届三中全会精神，坚持社会主义市场经济改革方向，紧紧围绕使市场在配置资源中起决定性作用加快完善现代市场体系，清理和废除妨碍全国统一市场和公平竞争的各种规定和做法，严禁和惩处各类违法实行优惠政策行为，反对地方保护，反对垄断和不正当竞争。

二、主要任务

（一）当前需要解决的突出问题

（1）解决地方各级人民政府要求跨地区经营的企业必须在当

地组建独立企业法人机构问题，对在不同地区设立的分支机构，落实和完善跨地区经营企业汇总纳税政策，减轻企业税负（财政部、税务总局会同有关部门负责）。

（2）重点解决企业反映较为强烈的对外地产品或服务设定歧视性收费项目、规定歧视性价格，或者实行歧视性收费标准的问题（财政部、发展改革委负责）。

（3）重点解决企业或消费者反映较为强烈的滥用行政权力，限定单位或个人购买指定的产品、服务，或者采取歧视性手段，阻碍、限制外地产品、服务进入本地市场的问题（工商总局会同有关部门负责）。

（4）重点解决企业反映较为强烈的在道路、车站、港口、航空港或者本行政区域边界设置关卡，阻碍、限制外地产品进入或本地产品运出的问题（交通运输部会同公安部等有关部门负责）。

（5）加大金融服务支持力度，提升金融服务覆盖的深度和广度，进一步推进资本市场企业并购重组的市场化改革，促进民营企业融资和规范发展（中国人民银行、银监会、证监会、保监会负责）。

（6）集中清理一批国务院有关部门、地方各级人民政府及其所属部门发布的含有地区封锁、行业垄断相关内容的规定，包括各地发布的违反国家税收法律法规的区域性税收优惠政策、歧视外地企业的补贴政策，以及在招投标活动中限制、排斥外地企业参与的规定等（商务部、法制办、发展改革委、财政部、税务总局负责）。

（二）探索建立长效机制

（1）完善法律法规。收集整理地区封锁、行业垄断方面的新情况、新问题，研究完善现有的法律法规或制定新的实施办法，为有效消除地区封锁和行业垄断行为提供法制保障。

（2）建立健全审查制度。健全规章、规范性文件的备案审查制度，建立地区封锁、行业垄断行政行为的审查撤销机制，明确受理、调查、听证、处理等程序，加强部门间信息共享。

（3）建立考核评价机制。将消除地区封锁、打破行业垄断工作纳入政府绩效考核体系，科学设定考核指标体系，定期对工作情况开展评估，督促地方政府切实负起责任。

（4）健全社会监督机制。畅通举报投诉渠道，完善举报投诉查处机制，鼓励企业和公众举报地区封锁、行业垄断行为，定期向社会公开有关信息。

三、工作要求

有关部门要按照工作方案和各项任务分工要求，切实负起责任，加强对本系统的工作指导，确保各项工作任务落到实处。工作中，要依据相关法律法规和行政职能严格执法。根据工作需要，可通过联合督查的方式掌握地方工作进展情况，推动解决问题。

要充分利用电视、广播、报刊、网络等传播渠道，向社会广泛宣传消除地区封锁、打破行业垄断工作的重要意义，曝光典型案例，让社会各界了解地区封锁和行业垄断的危害，自觉支持和参与这项工作，营造良好舆论氛围和工作环境。

参考文献

References

[1] European Commission. The 'Blue Guide' on the implementation of EU product rules 2014

[2] 蔡建玮. 招商引资的乱象及其治理对策. 华东理工大学，2014

[3] 程亚丽. 规范税收优惠，业界叫好！. 国际商报，2014 -12 -11

[4] 顾伟. 浅析当前政府采购中存在的问题及对策研究. http：//ztb. huzhou. gov. cn/art/2012/8/16/art_ 3912_ 135969. html

[5] 国务院发布 2013 年度中央预算执行审计工作报告，新华网：http：//news. xinhuanet. com/2014 -06/24/c_ 126665785. htm

[6] 国务院发展研究中心市场所. 促进我国物流产业创新发展政策研究. 内部资料，2015

[7] 国务院发展研究中心市场经济研究所. 欧盟建设统一市场的经验. 2014

[8] 国务院发展研究中心市场经济研究所. 优化我国农产品流通体系的政策研究. 2011

[9] 韩俊，任兴洲. 学习新时代的市场决定论. 人民日报，2013 -11 -20

[10] 李黎力. 扩大内需战略下的国内统一市场建设——来自美国 19 世纪的经验. 学习与探索，2012（12）

[11] 刘云中. 美国运用法治促进统一市场发展的经验及启示. 国务院发展研究中心《调查研究报告》，2011（第 156 号）

[12] 罗兰贝格管理咨询公司. 中国欧盟商会商业信心调查（2014）. 2014

[13] 马珺. 地方财政解困：调整事权与支出责任先行. 中国税务报，2014 -2 -12

[14] 乔书亚. 地方领导政绩考核机制需要彻底变革. 东方早报，2013 -11 -6

[15] 任兴洲．建立市场体系：30 年市场化改革进程．北京：中国发展出版社，2009
[16] 单晓敏．完善我国财政支出绩效管理的研究．苏州大学，2013
[17] 沈漠．地方税收优惠土政策将成为历史．财会信报，2014－12－15
[18] 沈满洪．分步改革政绩考核机制．中国环境报，2013－12－17
[19] 世界正义工程（WJP）．2014 世界法治指数．http：//worldjusticeprojece. org/sites/default/files/
[20] 王青．从技术跟随到战略布局——新能源汽车革命与中国应对战略．上海：上海远东出版社，2012
[21] 王文．我国领导干部生态政绩考核的发展现在与完善途径．武汉：湖北大学，2012
[22] 魏加宁．构建有利于地方改革创新的统一大市场．金融四十人论坛，2013
[23] 我国石油业每年垄断利润 4378 亿，实为消费者损失．凤凰财经：http：//ucwap. ifeng. com/
[24] 警惕政府采购中的地方保护．现代物流报，http：//news. xd56b. com/shtml/xdwlb/20120911/ 238826. shtml
[25] 出厂价 200 万，政府采购却掏了 1200 万．新华每日电讯，http：//news. xinhuanet. com/mrdx/2014－11/28/c_ 133820144. htm
[26] 18 个现行税种仅有 3 个由全国人大立法．新华网，http：//news. xinhuanet. com/politics/2014－03/04/c_ 119604248. htm
[27] 颜菊阳．零售业普遍“过度交税”，合并纳税能否先行．联商网，http：//www. linkshop. com. cn/web/archives/2014/283236. shtml
[28] 尹振茂．破除行政垄断需进一步完善财税制度．证券时报，2014－12－26
[29] 预算管理：从软约束到硬约束．大众日报，http：//paper. dzwww. com/dzrb/content/20130512/Articel06002MT. htm
[30] 詹辉．政府采购工作存在的不规范现象及对策．国际关系学院公共市场与政府采购研究所．全球金融危机形势下的政府采购与公共市场研究——应对全球金融危机·政府采购与公共市场改革论坛文集．2009
[31] 张斌．西方发达国家中央与地方关系概况及启示．地方财政研究，2012（10）
[32] 张军扩，廖英敏．打破地方保护、建立国内统一市场的政策建议．中国网，http：//www. china. com. cn/zhuanti2005/txt/2003－08/11/content_ 5382643. htm
[33] 张军扩，高世楫，刘云中．美国运用法治促进统一市场发展的经验与启示．国务院发展研究中心调研报告，2011（156 号）
[34] 张剀，何乐，李萍．税收优惠：清理规范大势所趋．中国税务报，2014－3－17
[35] 张文杰．转变政府职能“难”在何处．南方日报，2012－6－18
[36] 赵蓓文．美国国内统一市场的形成．世界经济研究．1993（1）
[37] 朱仁华．美国联邦政府在统一大市场形成中的作用．绍兴文理学院学报，2002（4）

[38] 中共中央关于全面深化改革若干重大问题的决定 . 2013

[39] 中国欧盟商会 . 欧盟企业在中国建议书 2014/2015. 2015

[40] 阿里研究院 . 中国淘宝村研究报告 . 2014

[41] 邹东涛 . 中国经济发展和体制改革报告 . 北京：社会科学文献出版社，2008